簡単手軽でおいしい！
身近な食材で
驚きの80レシピを開拓！

弾丸トラベライターの

台湾妄想旅ごはん

弾丸トラベライター
門司紀子

はじめに

２０１６年ごろから台湾・台北の魅力にハマり、約4年間で訪台した回数は40回ほど。コロナ禍以前の２０１９年は月イチ以上、ＬＣＣを活用し、ごはんをサクッと食べに行く感覚で「台北日帰り弾丸旅」を楽しんでいました。

台湾にまた気軽に行ける日がいつ戻ってくるのか、先が見えずうずうず……そんななか、「台北弾丸旅に行った気分でごはんを楽しみたい！」と自宅で〝台湾風料理〟を作り始め、自分で食べてほっこりしたり、弾丸旅仲間に振る舞って思い出話に花を咲かせていたら、思いのほか楽しすぎて……。

大好きな台湾が教えてくれた〝おいしい幸せ〟を今すぐシェアしたい……そんな衝動にかられたのが、この本を制作するきっかけになりました。

ここ数年、巷《ちまた》は空前の台湾ブーム！　タピオカの流行りは落ち着いたものの、食材店やファミレスでも台湾フェアが開催され、台湾料理全般を出すお店に限らず、魯肉飯《ルーロウファン》、台湾カステラ、台湾屋台風唐揚げ……などの専門店も続々と

オープンしています。でも、日本で脚光を浴びている台湾料理はほんの一部（台湾といっても私は台北にしか通っていないので、地方都市の未知の味にいつ出合えるのか、想像しただけでワクワクが止まりません！）。

台湾料理というと「なんでも八角」というイメージがあるかもしれませんが、実は味のバリエーションが豊富なうえ、味付けにトゲがなく、デザートも甘さ控えめでヘルシー。食べても、食べても、本当に胃が疲れず、やさしさにあふれているのが大きな魅力！　現地で食べて、ちょっと物足りないかも!?　と思った料理も正直ありましたが、食べ重ねるうちに台湾料理のやさしさにいつの間にか抱きかかえられてしまう感じ。だからこそこの本では、その〝やさしさ〟をどことなく感じられる味わいにこだわってレシピを作りました。

なかなか自由に旅に行けない今だからこそ、自宅で楽しく作って食べて〝台湾旅気分〟をたっぷりと味わって、旅欲もみっちり満たせますように…。

弾丸トラベライター　門司紀子

この本にのっているのは……

- ☑ 私が「台北日帰り弾丸旅」で訪れた
現地のお店の印象的なメニューにインスパイアされたレシピ
- ☑ 台湾のメジャーな料理を、作りやすい食材＆シンプルなプロセス、
食べやすい味に落とし込んだレシピ
- ☑ 一見和食っぽいけれど、台湾風に味変してみたレシピ
- ☑ 台湾っぽい食材を使った完全妄想レシピ
- ☑ 台湾にはないかもしれないけれど、台湾料理にマッチして、箸休めにもなるレシピ

トータル
80品！

こだわった４つのPOINT

1 台湾料理ってなんだか専門的で難しそう…そんなイメージを払拭する手軽さ

2 料理家ではないただの料理愛好家だからこその、簡単お手軽プロセスのものが多数
（一部、ちょっとだけ手間がかかるものもあります）

3 一般的なスーパーや食材専門店（富澤商店やカルディなど）、
通販などで手軽に手に入る食材・調味料をメインに使用

4 市販の鶏がらスープの素、中華万能調味料、だしパックなども活用して時短＆手軽に

＼ この本のレシピにも出てくる ／

「台湾っぽい味」に寄せるための 調味料 と 食材

花椒《ホアジャオ》

麻婆豆腐などの四川料理に使われることが多い、爽やかな香りとピリッとしびれるような辛味をもつスパイス。この本のレシピではホールタイプを多用しています。粒のまま炒め物などに使ったり、ミルやすり鉢を使って細かく砕いてから料理に活用しても。

八角《はっかく》

台湾の街に漂う独特な香りの正体は、ギザギザとした星型がかわいいスパイス、スターアニス。コレを使って料理すると部屋にこの香りが漂い、一気に旅気分が盛り上がること間違いなし。甘く強い香りをもち、肉料理や卵、漬物などの風味付けに使用。

五香粉《ウーシャンフェン》

台湾風味を引き上げる５種のスパイスミックス。基本は、花椒《ホアジャオ》、クローブ、シナモンに、スターアニス（八角）、フェンネル、陳皮のうちの2種をブレンドしています。甘くエキゾチックな香りが特徴的。スーパーの中華材料コーナーで手に入ります。

ピーナッツ

台湾では花生《ホアシャン》といわれ、豆花などのデザートや焼き菓子などのスイーツでもおなじみ。鶏肉のピーナッツ炒めなどの料理に活用されることも。殻付きのまま乾燥させたもの、または殻をむき素焼きしたもの（塩味が付いていないもの）が使いやすくおすすめ。

油葱酥《ヨウツォンスー》

細かく刻んだエシャロットを揚げたもの。スープや飯・麺、小菜《シャオツァイ》などにのせたり、魯肉飯の肉を煮込む際の隠し味にも。台湾料理以外では、カレーのコク出しにも◎。ネット通販などでも購入できますが、スーパーで手に入るフライドオニオンでも代用可。

馬告《マーガオ》

台湾の原住民・タイヤル族に古くから伝わる、近年脚光を浴びつつあるスパイス。ピリッとした辛味とレモングラスのような爽やかさを持ち併せていて、スープや和え物、水餃子などに活用。カルディのほか、台湾食材を扱う店、ネット通販などで購入できます。

その他の調味料について

しょうゆ、料理酒、ごま油、きび砂糖、黒酢、豆板醤は、スーパーで売っている一般的なものでOK。台湾のしょうゆは甘いたまりじょうゆ系なので、九州の甘いしょうゆを活用すると味がまとまりやすかったりもします。ただ、家庭にある一般的なしょうゆ（キッコーマンなど）でレシピを作りたかったので、しょうゆを使う料理には少量のきび砂糖を加えて対応しています。砂糖は、甘みがまろやかでミネラル分が豊富なきび砂糖やてん菜糖を使うのがおすすめ。ごま油は濃い茶褐色の焙煎ごま油を使うと、より深みのある味わいに仕上がります。

市販の「スープの素」系も活用

鶏がらスープの素は「YOUKI 化学調味料無添加のガラスープ（顆粒）」を、中華万能調味料は「創味シャンタンDX（ペーストタイプ）」を愛用。パッケージに記載の目安の量より少なめに使うのが、やさしい台湾味に仕上げるコツ！

餃子＆ワンタンの皮は市販でOK

餃子やワンタンを皮から手作りするのはハードルが高いので、市販の皮を活用。とくに水餃子はもちもち食感を楽しみたいので、こだわって「厚め」の皮を使うのがおすすめ。水餃子にはもっちりぷるっとした食感に仕上がる「八幡製麺所」のもの、焼き餃子の皮はやや薄めでサクッと仕上がる「富強食品」のもの、ワンタンの皮、春巻きの皮も「富強食品」のものがお気に入り。成城石井や明治屋などの高級スーパーやネット通販で手に入ります。

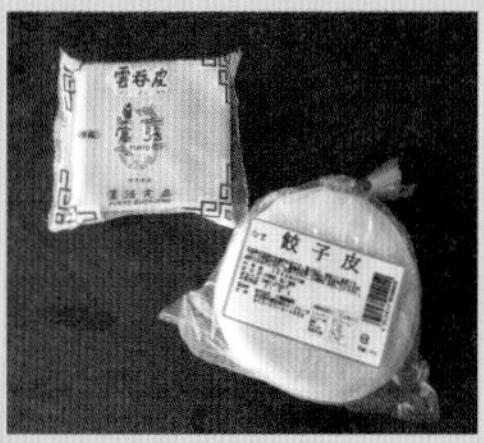

辣油《ラーユ》は台湾産の花椒入りがお気に入り

辣油はご自宅にあるものでなんでもOKですが、イチオシは花椒入りの台湾産の麻《マー》辣油。花椒のしびれる辛みが料理にひねりを与えてくれます。ネット通販などで購入できる「溫記大紅袍香麻辣油」、富澤商店などで取り扱いがある「朝天花椒醤 中辛」を個人的にはリピート買いしています。

干しえび

私はぬるま湯でもどしたり煮込んで使う「小えび」タイプ、そのままでも食べられる「桜えび」タイプの2種を常備し、料理に合わせて使い分けていますが、どちらか1種でもOK（どちらでも代用可）。より味わい深く、いいだしが出る台湾産が断然おすすめです。

干ししいたけ

いいだしがとれ、滋味深い味わいを添える干ししいたけも、汁もの系の台湾料理作りに不可欠。台湾産のものはネット通販でも購入できますが、質のいい国産のものをスーパーまたは乾物専門店などで求めても。

※購入店舗は2021年5月時点の情報です。取り扱いがない場合もあります。

もくじ

第4章 鍋と汁

この本で紹介しているお店について

各章の「台湾で出合った、忘れられない味」で紹介しているお店は、既刊『台北日帰り弾丸旅 食べまくり！ 1年12回』にも一部掲載しております。店名のみ紹介しておりますが、現地のお店に行かれる場合は、営業時間や定休日などの最新情報をご確認ください。

本書の使い方

◆1カップは200mL、大さじ1は15mL、小さじ1は5mLです。
◆「少々」「ひとつまみ」は、親指と人差し指でつまんだ約小さじ1/8くらいの量です。
◆電子レンジでの加熱時間は、600Wを基準に表しています。また、電子レンジやオーブンは、機種により加熱時間が異なりますので様子を見ながら加熱してください。
◆火加減の「強火」「中火」「弱火」はあくまでも目安です。加熱時間は火加減や環境によって異なる場合があります。様子を見ながら調整してください。
◆野菜を洗う、皮をむくなどの下準備は一部省略しています。
◆はちみつを使ったレシピは、1歳未満の乳児には与えないでください。

第1章

朝ごはん

Breakfast

台湾旅で出合った、忘れられない味

朝ごはん編

写真は上から、ゴロゴロ具材がアクセントになった「秦小姐豆漿《チンシャオジェドウジャン》」、おぼろ豆腐感が強めの「永和豆漿大王《ヨンホォドウジャンダーワン》」、豆漿の代名詞ともいえる大人気店「阜杭豆漿《フーハンドウジャン》」。

01 やさしさに癒される！ ふるふるのスープ仕立て豆乳「鹹豆漿《シェンドウジャン》」

外食文化の台湾では、早朝からオープンし11時ごろには閉まる「早餐店《ザオツァンディエン》」という朝食専門店も多く存在しています。中でも絶対にハズせないのが、お店で仕込んだ出来立ての新鮮な豆乳を使うホロホロ食感の塩味スープ「鹹豆漿」。黒酢に温かい豆乳を注ぎ、おぼろ豆腐状になったスープの中には、干しエビや搾菜《ザーサイ》、油條《ヨウティアオ》（揚げパン）などが入っていて、食べ進めていくうちに体のすみずみにまで染みわたっていく複雑なおいしさ！お店によって味や食感、具材のバランスが異なるので、訪台するたびに違うお店に寄り、食べ比べするのも旅の醍醐味《だいごみ》です。

02 じわじわと旨味が追随する飯モノ

「周記肉粥店《ジョウジーロウジョウディエン》」でいただいた「肉粥《ロウジョウ》」（写真右）は、干しえびのだしが効いたやさしいスープにこま切れの豚肉が入った、朝の始まりにぴったりの一品。そして「劉媽媽飯糰《リウマーマーファントン》」の大きい俵形のおにぎり（写真左）も感動的なおいしさ！　食べ応えたっぷりながらも、瞬時にペロリ……。頑張りたい１日の始まりにぜひ。

03 唯一無二のおいしさ。蒸したての野菜まん

具材は「素食《スーシー》」＝野菜だけの饅頭が絶品！　グルメな先輩に教えてもらってから、何度も通い詰めていたのが「光復市《クァンフーシー》場素食包子店《チャンスーシーパオズディエン》」。ふわっと軽やかな皮の中には、キャベツや切り干し大根などの野菜あんがぎっしり。野菜だけとは思えない満足感たっぷりのおいしさに出合えます♪

04 レベル爆上がり中！台湾のサンドイッチ

実はパンのレベルも高い台湾。サンドイッチ＝「三明治《サンミンジー》」の専門店も朝ごはんに人気。台湾ならではのメニューとしてメジャーなのが、具材とともにピーナッツバターを挟んだもの。写真は「山文治《サンウェンジー》」というお店のものですが、次の訪台時には大行列店「良粟商號《リャンスーシャンハオ》」に食べに行くと決めています！

※このページには、著者がお気に入りの台湾・台北にあるお店の名前のみ記載しております。
現地のお店に行かれる場合は、営業時間や定休日などの最新情報をご確認ください。

鹹豆漿《シェンドウジャン》

台湾の朝はコレを食べないと始まらない！
ホロホロとした豆乳に、搾菜《ザーサイ》のザクザク感、
干しえびや揚げパンの食感も相まって……いつでもほっこり。
ヘルシーで味わい深い、胃腸にやさしいローカル朝ごはんの鉄板。

[材料] 1人分

無調整豆乳 … 200mL

A
- 黒酢 … 大さじ1
- しょうゆ … 小さじ1/2
- 液体白だし … 小さじ1/2
- 干し桜えび … 約2g（ひとつまみ程度）
- 搾菜（細かく刻む）… 10g（刻んだ状態で小さじ1程度）

●トッピング用

青ねぎ（小口切り）… 適量

パクチー（長さ約3cmに切る）… 適宜

フォカッチャ（フランスパン、仙台麸《ふ》で代用も可）… 2切れ程度

油（揚げ用）… 適量

辣油 … 少々

[作り方]

1 どんぶりに**A**を入れておく。干し桜えびはトッピング用に少しよけておく。

2 フォカッチャはひと口大にカットし、鍋または小さいフライパンを使い少量の油でカリッとキツネ色になるまで揚げ焼きし、キッチンペーパーの上にあげて油をきっておく。

3 鍋で無調整豆乳を温める。沸騰する直前、フツフツしてくるくらいで火を止め、**1**のどんぶりにジャーッと勢いよく注ぐ。

4 上に青ねぎ、パクチー、残しておいた干し桜えび、**2**、ラー油をトッピング。

豆乳は必ず無調整豆乳で。調味料＋具材を入れたどんぶりに温めた豆乳を手早く注ぐと、豆乳が徐々に固まってきてホロホロ食感に。調味料の基本は黒酢としょうゆですが、液体白だしを少量加えると風味がアップします。

Point

台湾では「油條」という揚げパンがのっていますが、手に入りにくいうえ買うと大量であまりがち。手作りするのもハードルが高いので、今回はフォカッチャを揚げて代用。Pasco「超熟 フォカッチャ」が味&食感が近くなりお気に入り！

台湾式おにぎり・飯糰《ファントン》

台湾流はとにかく
デカすぎると話題！
ずっしり重くて
お腹いっぱいになる
具だくさんな俵形。

［材料］おにぎり2個分

もち米 … 1合
水（もち米を炊く用） … 180mL
豚ひき肉 … 100g
ごま油 … 大さじ1
A
- 酒 … 大さじ2
- しょうゆ … 大さじ2
- きび砂糖 … 大さじ1
- しょうが（みじん切り） … 1片

搾菜 … 20g
卵 … 1個
フォカッチャ（フランスパン、
仙台麩で代用も可） … 2切れ程度
油（揚げ用） … 適量

［作り方］

1 もち米を炊く（炊き方は炊飯器でも、鍋でも、蒸籠《せいろ》で蒸しても。鍋で炊く場合はもち米を洗った後、水に1時間浸してから炊く）。搾菜はみじん切りに、卵は固ゆでにして殻をむき、粗みじん切りに。

2 鍋またはフライパンでごま油を熱し、豚ひき肉を加え箸でそぼろ状になるように炒《い》り、色が変わったら**A**を加えて水分がなくなるまで炒める。フォカッチャはひと口大にカットし鍋または小さめのフライパンを使い少量の油で揚げ焼きし、キッチンペーパーの上にあげて油をきっておく。

3 ラップの上にごはん（1個につき半量）を楕《だ》円形《えんけい》に薄く広げ、**2**と搾菜、卵を中央にのせ、具がしっかり内側に包み込まれるようにラップで巻いて俵形おにぎりに。

[材料] 作りやすい分量

米 … 1/2合
水 … 600mL～
豚肉こま切れ … 50g
しょうゆ … 小さじ1/2
片栗粉 … 小さじ1
干しえび … 小さじ1程度
油葱酥（フライドオニオン）
　… 大さじ1
塩 … ひとつまみ

[作り方]

1 豚肉を7mm幅程度に刻み、しょうゆを絡めてから、旨味を程よく閉じ込めるため片栗粉をまぶしておく。

2 鍋によく洗った米と水を入れて火にかけ沸騰したら、1の豚肉と干しえび、油葱酥を加え、弱火にして20分程コトコト煮込む。

3 途中で水分がなくなってきたら50mLくらいずつ水を足し、煮込んでいく。20分経ったら味見し、米の芯がなくなりやわらかくなったら塩を加えて味を調える。芯がある場合はさらに3～5分煮込んで様子を見て。

肉粥《ロウジョウ》

具材はシンプル、素朴なのに滋味深い。初めて食べたときの感動といったら……！豚肉×干しえびのだしの旨味で1日の始まりにパワーチャージ！

台湾は実はパン食文化も急発展中！
行列ができるサンドイッチ屋さんの
ピーナッツバターサンドをイメージして…。

目玉焼きとハムのピーナッツバターサンド

[材料] 2切れ分

食パン（6枚切り）… 2枚
卵 … 1個
ハム … 2枚
パクチー（ベビーリーフやレタスで代用も可）… 適量
塩・こしょう … 少々
ピーナッツバター … 適量

[作り方]

1 パンをトースターで焼く。

2 卵をフライパンで目玉焼きに。ハムもフライパンの空いたスペースで火を通す。卵＋ハムは適宜塩・こしょうで味付けを。

3 焼き上がったパンの片面（2枚とも）にピーナッツバターを塗り、**2**とパクチーを挟む。食べやすいよう半分にカット。

Point

ピーナッツバターの代わりに、ピーナッツペースト＋きび砂糖をミックスして好みの甘さに調整しても。

生マンゴーの
おいしさには
到底敵わないけれど…
もどしドライマンゴーを使えば
気軽に、台湾のカフェ朝ごはん風♪

芒果《マンゴー》豆乳フレンチトースト

[材料] 1人分

ドライマンゴー … 3〜4本
食パン（6枚切り） … 1枚
卵 … 1個
無調整豆乳 … 50mL
きび砂糖 … 小さじ1
バター … 10g程度
はちみつ（またはメープルシロップ） … 適量
カッテージチーズ … 適宜
馬告（または黒こしょう） … 適宜

[作り方]

1 水（分量外）を入れたバットや皿にドライマンゴーを入れ、ラップをして冷蔵庫でひと晩寝かせ、もどしておく。翌朝ふっくらともどったマンゴーは食べやすい大きさにカットする。

2 ボウルに卵を割り入れ、無調整豆乳、きび砂糖を加えてよく混ぜ、食べやすい大きさにカットした食パンを10分ほど浸しておく。

3 フライパンを熱し、バターを溶かし広げたら、**2**の食パンを焼く。途中でひっくり返し、ほどよく焼き色がついたら、**1**とともに皿に盛り、好みではちみつをかけ、カッテージチーズと砕いた馬告を適宜添えて。

野菜饅頭《マントウ》

台北の包子《パオズ》専門店でいただいた絶品饅頭をイメージして、具材はキャベツ&きくらげだけ。皮は食パンで即席アレンジ！

[材料] 2個分

食パン(6枚切り) … 2枚

- 片栗粉 … 大さじ1
- 水 … 大さじ2

キャベツ … 2〜3枚分

干しきくらげ … 2枚

ごま油 … 小さじ1

A
- 酒 … 大さじ1
- きび砂糖 … ふたつまみ
- 塩 … ひとつまみ
- クミン(ホール、なければパウダーでも) … 少々

[作り方]

1 まず中の具材を作る。干しきくらげはもどし(水なら6時間、ぬるま湯なら20分程度)、千切りに。キャベツも千切りに。

2 鍋にごま油を中火で熱し、**1**を入れ、軽く炒めしんなりしたら、**A**を加えて味を調える。

3 食パンは耳をカット。バットに水溶き片栗粉を広げ、食パンの片面&4つの側面を水溶き片栗粉に浸す。やや大きめにカットしたラップの上に浸した面が下になるようのせる。その後、中央に**2**の具材をのせ、4つの角を中央に重ね合わせるようにしてラップを巾着のように絞り、饅頭のような形に。

4 ラップを外して**3**を蒸す。蒸籠《せいろ》や蒸し器を使ってもOKだが、手軽に蒸すのならフライパン(または小鍋)を活用。フライパンの底に水(分量外)を1cm程度入れ、内側にすっぽり収まる耐熱皿を置き、オーブンシートの上に**3**をのせ、ふたをして火にかける。沸騰したら弱火にして10分ほど蒸し、パンが饅頭のようにふっくらしたらできあがり。途中水が減ってきたら、適宜水を足して。

食パンの中央部分を少しつぶしてくぼみを作ると、具材をたっぷりのせやすく包みやすくなります。

ラップの上部をキュッとしぼるようにして饅頭を形作って。うまくパンがくっつかない場合は、水溶き片栗粉をさらに指でつけてから、ラップの上部を絞って。

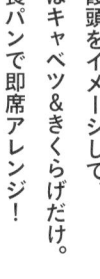

豆漿店でも一緒に注文することの多い
卵焼きを挟んだ台湾の素朴なパン。
市販のパンを薄くつぶして
パリパリに焼いて「焼餅《シャオビン》」風に

葱入り卵焼きサンド

[材料] 1人分

フォカッチャ
（またはコッペパン）… 1個
白ごま … 少々
卵 … 1個
青ねぎ（小口切り）
… 大さじ1程度
塩 … 少々
ごま油 … 少々
中濃ソース … 大さじ1
きび砂糖 … ひとつまみ

[作り方]

1 フォカッチャやコッペパンは厚みを半分に切ってから、ラップなどに包み重しをしてしばらくおき、薄くつぶしておく。卵を溶き、パン上部の表面に少量を塗り、白ごまをふりかけ、オーブントースターでパリパリになるまで焼く。

2 パンを焼いている間に卵焼きを作る。**1**で溶いた卵に青ねぎと塩を混ぜ、中火に熱しごま油をひいたフライパンに流し込み、ふわっと焼く。

3 中濃ソースときび砂糖を混ぜて甘いソースを作り、パンの間に**2**とともに挟む。

第2章

飯と麺

Rice & Noodle

台湾旅で出合った、忘れられない味

飯と麺編

01 欲張ってどちらも食したい！ 定番の魯肉飯《ルーロウファン》と鶏肉飯《ジーロウファン》

台湾料理といって、だれもが真っ先に思い浮かべるのが「魯肉飯」。八角や五香粉などの調味料とともにトロトロに煮た豚肉がのったごはんで、ローカル気分を味わうのに不可欠。その魯肉飯と人気を二分する…いや「実はこちらの方が好き！」という隠れファンが多い飯モノが「鶏肉飯」（写真上）。鶏肉飯専門店として安定の人気なのが「梁記嘉義鶏肉飯《リャンジージャーイージーロウファン》」。ゆでた鶏肉を細かく裂いてだしとともにのせたシンプルな出で立ちながらも、あっさりとした旨味が心に深く染みわたる感じ。脂っこいものが苦手な人にこそぜひ味わってほしい一杯です。

街中の食堂には魯肉飯と鶏肉飯をどちらも置いているお店も多いのですが、まずはぜひ専門店で。魯肉飯なら脂身が少なくあっさりいただける「金峰魯肉飯《ジンフェンルーロウファン》」が個人的好み。

02 画力《えぢから》も味もスゴイ リピート飯モノたち

友人に「台湾で何食べたい？」と聞くと、そのインパクトある見た目からも指名多数なのが「カニおこわ」(写真右)。人気台湾料理店「欣葉《シンイエ》」のワタリガニ1杯がど～んと蒸されたおこわは、もちろん味も抜群！　写真映えする見た目なら小籠包店「濟南鮮湯包《ジーナンシエンタンバオ》」のカリカリじゃこ炒飯も捨てがたい。「小李子清《シャオリィズチン》粥小菜《ジョウシャオツァイ》」でいただいた芋粥も、「飯モノ」として印象的でレベル高めでした。

芋粥はほっこりする甘み。素朴なおかずのお供に。

ごはんが見えないほどにじゃこがたっぷり！

03 恋しく感じるのは、汁麺よりも和え麺

牛肉麺《ニュウロウミエン》や担仔麺《タンツーミエン》、麺線《ミエンシエン》などの麺ものもメジャーな台湾ですが……台湾になかなか行けない今、改めて「食べたくて仕方ない」と思い出すのは俄然《がぜん》、和え麺！　食べたいNo．1は「海天香餃《ハイティエンシャンジャオ》」の汁なし麺×えびワンタンのもちもちぷりぷりの斬新なコンビ(写真右)。ねぎがのっかって特製のタレがかけられ、辛みを自分で足していただくシンプル麺「乾拌麺《ガンバンミエン》」も忘れられない台湾ならではの素朴なおいしさ！

「宜品福州乾拌麵《イーピンフージョウガンバンミエン》」の乾拌麵。細麵なのにさりげないもちもち食感が魅力。

※このページには、著者がお気に入りの台湾・台北にあるお店の名前のみ記載しております。
現地のお店に行かれる場合は、営業時間や定休日などの最新情報をご確認ください。

魯肉飯《ルーロウファン》

私好みだった現地の味に近付くよう
何度も試作を……。
豚バラスライスで手軽かつ脂っぽさも抑えた
罪悪感控えめのレシピが完成。

[材料] 2人分

豚バラスライス … 150g
しょうが … 1片（約10g）
油葱酥（フライドオニオン）
… 大さじ3
ごま油 … 大さじ1
A
- しょうゆ … 大さじ2・1/2
- 酒 … 大さじ2
- きび砂糖 … 大さじ1
- 五香粉 … 小さじ1
- 水 … 100mL

チンゲン菜（ほうれんそう、小松菜で代用も可）
… 1束
茶葉蛋《チャーイエダン》（P.100参照／ゆで卵で代用も可）
… 1個
ごはん … 2杯分

[作り方]

1 豚バラスライスを約7mm幅に切る。お湯（分量外）を沸騰させた鍋に入れてさっとゆで、ざるにあげて、一度脂を落とす。

2 鍋にごま油を熱し、みじん切りにしたしょうがと**1**、油葱酥を加え全体に油が回ったら、**A**をすべて加え、水分が半分くらいになるまで炒め煮にする。

3 チンゲン菜は、程よい硬さになるまで鍋で沸騰させたお湯（分量外）で2〜3分ゆでる。

4 茶碗にごはんを盛り、**2**と**3**、さらに半分にカットした茶葉蛋をのせる。

一度さっとゆでるというひと手間を加えることで、豚バラ肉の脂っぽさが抜け、よりあっさりとした味わいに。長時間ゆでると、パサついて旨味もなくなってしまうので注意を。

Point

茶葉蛋ではなくゆで卵を使う場合は、卵を好みの硬さにゆでて殻をむいた後に、**2**の鍋に投入して肉と一緒に炒め煮を。卵にも少し風味が移り、よりおいしくいただけます。

鶏《ジー》肉《ロウ》飯《ファン》

シンプルなのに深みのある
現地の名店の味には敵わないけれど……
しょうがと油葱酥の
ひとひねりダレで満足感をプラス。

[材料] 作りやすい量

鶏むね肉 … 1枚(約250g)
酒 … 大さじ1
ごま油 … 大さじ1
しょうが … 1片
油葱酥(フライドオニオン) … 大さじ3
A
- 鶏肉の蒸し汁 … 大さじ3
- 酒 … 大さじ1
- しょうゆ … 大さじ1
- きび砂糖 … 小さじ2
- 水 … 100mL

ごはん … 適量
油葱酥(フライドオニオン・トッピング用) … 適宜
卵 … 適宜
ソース … 適宜

[作り方]

1 鶏むね肉は皮を取り除き厚みを半分に切り、大きさも半分にカット。鍋に100mLの水(分量外)を沸騰させ、鶏むね肉を入れて中まで火が通るよう弱火で10分ゆでる。鶏肉を取り出して粗熱をとったら、身を繊維に沿って細かくほぐし、残ったゆで汁に浸しておく。

2 タレを作る。鍋にごま油を中火で熱し、千切りにしたしょうがと油葱酥を軽く炒めたら、**A**を加え全体を箸で混ぜる。弱火で5分ほど煮て、火を止める。

3 茶碗にごはんを盛り、**1**の鶏肉を少量のゆで汁とともに盛り、**2**のタレをかけて油葱酥を好みでトッピングする。半熟の目玉焼き(お好みでソースを添えて)とともにいただいても。

残ったゆで汁に浸しておくことで、一度に食べきらない場合も鶏肉がパサつかずしっとり。鶏肉エキスがしみ出たゆで汁もごはんに少量かけていただくことで、より旨味のある1杯に。

トッピングは油葱酥。タレにも油葱酥は入っているが、サクサクの食感をプラスするとさらにおいしさアップ!

Point

余った鶏肉は、小菜・サラダに活用。P.38の鶏ささみの代わり、P.56のハムの代わり、P.62に加えても。

芋粥

台北の夜ごはんに
いただいた
専門店のお粥が
忘れられなくて…。
イモの甘みに
癒される、
台湾風おかずに
合わせたい名脇役。

[材料] 作りやすい分量

米 … 1/2合
水 … 900mL〜
サツマイモ
… 1/2〜1/3本(100g程度)
塩 … 少々

[作り方]

1 米をよく洗い、鍋に600mLの水とともに入れて強火にかける。沸騰したら弱火に。

2 20分経ったら、皮をむき1cm角に切ったさつまいもを加え、さらに20分コトコト煮る。途中、水分がなくなってきたら100mLくらいずつ2〜3回に分けて足していく。

3 米&さつまいもがやわらかくなったら、塩を加えて味を調える。

台湾風カニおこわ

現地のようにワタリガニ1杯のせ、とはいかないけれど…
鋳物鍋で手軽に、蒸さないで“炊く”ほぐし身のカニおこわ。

[材料] 作りやすい分量

もち米 … 2合
カニ（ほぐし身／缶詰でもOK）
… 50〜60g程度
たけのこの水煮 … 80g
干しえび … 10g
干ししいたけ … 3枚
しょうが（みじん切り）… 1片（約10g）
ごま油 … 大さじ1
しょうゆ … 大さじ2
酒 … 大さじ2
水 … 130mL〜

[作り方]

1 もち米はよく洗ってからざるにあげて一度水をきり、水をはったボウルに1時間浸し、浸水させておく。干しえびと干ししいたけはぬるま湯200mL（分量外）に最低30分浸し、もどしておく。もどし汁は捨てずにとっておく。

2 もどした干しえびを粗く刻み、干ししいたけは石づきを取り除いて7〜8mm角に切る。たけのこも7〜8mm角に切って軽く水洗いする。

3 鍋にごま油を中火で熱し、**1**のもち米を2分ほど炒める。その後、**2**の具材、カニ、しょうがを入れ、もどし汁＋水がトータル330mLになるように調整して入れ、さらにしょうゆ、酒を加えて強火にかける。沸騰したら弱火にし12分炊いて火を止め、ふたをしたまま15分蒸らす。

比較的リーズナブルな
台湾産のからすみはネット通販でゲット！
小分けにして冷凍保存しておき、
ここぞというときに贅沢使い！

からすみ炒飯

[材料] 作りやすい分量

長ねぎ … 約5cm分
卵（溶いておく）… 1個
ごはん … 茶碗1杯
ごま油 … 大さじ1
中華万能調味料 … 小さじ1/2
塩・こしょう … 少々
からすみ … 1/4本〜
油葱酥（フライドオニオン）
… 大さじ1

[作り方]

1 ごはんが冷めている場合は電子レンジなどで温めておく。長ねぎはみじん切りに。からすみは約5mm角に切っておく。

2 フライパンを中火にかけてごま油を熱し、溶き卵を流し入れて箸で軽く混ぜる。卵が固まらないうちにごはんと長ねぎ、からすみを加え手早く混ぜながら炒め、中華万能調味料と塩・こしょうで味を調える。

3 皿に**2**を盛り、油葱酥をトッピング。

Point

からすみを1腹買ったら、使いやすいサイズ（約2cm幅）にカットし、ラップで小分けに包んで冷凍保存しておくと使いやすい。

台北の小籠包店で食べた、
ごはんが見えないほど
じゃこがのった炒飯を再現！
映え感たっぷりの盛り付けで。

じゃこ盛り盛り炒飯

[材料] 作りやすい分量

青ねぎ（小口切り）… 大さじ1
卵（溶いておく）… 1個
ごはん … 茶碗1杯
ごま油 … 大さじ2
中華万能調味料 … 小さじ1/2
塩・こしょう … 少々
ちりめんじゃこ
… 大さじ山盛り２杯

[作り方]

1 ごはんが冷めている場合は電子レンジなどで温めておく。フライパンを中火にかけてごま油大さじ1を熱し、溶き卵を流し入れて箸で軽く混ぜる。卵が固まらないうちにごはんと青ねぎを加えて手早く混ぜながら炒め、中華万能調味料と塩・こしょうで味を調える。

2 **1**を皿に盛ったら、フライパンをキッチンペーパーなどでさっと拭き、再度中火にかけてごま油大さじ1を熱し、ちりめんじゃこをカリカリになるまで炒める。

3 炒飯の上に炒めたちりめんじゃこを盛る。

汁なし和え麺

シンプルな具材に、
調味料をささっと回しかければ
[illegible]食堂のような素朴味。
混[illegible]て、つるりと旨い♪

[材料] 2人分

中華麺 … 1玉
パクチー（粗みじん切り）
… 大さじ2程度
青ねぎ（小口切り）
… 大さじ2程度
油葱酥（フライドオニオン）
… 大さじ1程度
ごま油 … 小さじ1
しょうゆ … 小さじ1
黒酢 … 小さじ1
辣油 … 適量

[作り方]

1 麺をゆで、ほどよい硬さになったらざるにあげてお湯をしっかりときる。

2 ボウルに麺を入れ、ごま油、しょうゆ、黒酢を加えざっくり和える。

3 器に盛り、パクチー、青ねぎ、油葱酥、好みで辣油をトッピング。

Point

おいしさは使う麺次第！　いろいろ試してみたところ、シンプル和え麺には「肉のハナマサ」で売っている「プロ仕様 生中華麺（とんこつ）」を使うのがお気に入り！

麻《マー》辣《ラー》ビーフン

たっぷり入れたホールの花椒の
しびれ感がたまらない！ 台湾家庭の味・
ビーフンを大人旨辛味にアレンジ。

[材料] 1人分

ビーフン … 70g
豚ひき肉 … 50g
キャベツ … 50g
ニラ … 20g（2本）
しょうが … 1片
にんにく … 1片
鷹の爪（輪切り）… 約2本分
花椒（ホール）… 小さじ1程度
ごま油 … 大さじ1
A
- 酒 … 大さじ1
- しょうゆ … 小さじ1
- きび砂糖 … 小さじ1

酒 … 大さじ1
豆板醤 … 小さじ1
中華万能調味料 … 小さじ1/4程度

[作り方]

1 キャベツはザク切り、ニラは長さ4～5cmに、しょうが、にんにくはみじん切りに。ビーフンは熱湯（分量外・500mL程度）を入れたボウルに浸し、ふたをして1分蒸らし、ざるにあげて食べやすいよう適宜切る。

2 フライパンにごま油を中火で熱し、鷹の爪、花椒、しょうが、にんにくを炒め、香り立ってきたら豚ひき肉を加え、箸でほぐしながらそぼろ状になるように炒める。肉の色が変わったら、**A**を加えて全体を混ぜ味付けをする。

3 さらにキャベツとニラ、ビーフン、酒大さじ1を加えしんなりしてきたら、豆板醤と中華万能調味料を加え、均一になるよう混ぜる。

Point

ビーフンは成城石井などの食材店で取り扱いのある、台湾名産の「新竹米粉」（新竹ビーフン）がおすすめ！ コシがあるのに、のどごしはつるっと軽やかなのが魅力。

ツナとニラ、里芋の汁ビーフン

台湾人の友人が大好きだという
タロイモのビーフン。
滋味あふれるやさしいスープに、
里芋＋αの具材で作ってみた。

[材料] 1人分

ビーフン … 60g
ツナ（フレークではなく、ソリッドかチャンクタイプ）… 40g
ニラ … 20g（2本程度）
里芋 … 1個
干ししいたけ … 1個
干しえび … 小さじ1程度
ごま油 … 大さじ1/2
水 … 700mL
鶏がらスープの素 … 小さじ2
塩・こしょう … 少々
油葱酥（フライドオニオン）… 適宜

[作り方]

1 ビーフンは熱湯（分量外・500mL程度）を入れたボウルに浸し、ふたをして1分蒸らし、ざるにあげ、食べやすいよう適宜切る。フライパンでごま油を中火で熱し、ツナと長さ約3cmに切ったニラを一緒に軽く炒め、塩・こしょうをふる。

2 鍋に水、干ししいたけ、干しえびを入れ、強火にかける。沸いたら弱火にしてコトコト煮て乾物をもどしながらだしをとる。15分くらいたったら、皮をむき約1.5cm角に切った里芋を入れる。5〜6分たち、里芋がやわらかくなったら、しいたけを一度取り出し、石づきを取り除き身は細切りにしてまた鍋に戻す。

3 **2**の鍋に鶏がらスープの素を溶かし、**1**でもどしておいたビーフンを加えて2〜3分ゆでる。汁ごと器に盛り**1**のニラとツナ、油葱酥をトッピング。

第3章

小菜とサラダ

Small Plate & Salad

台湾旅で出合った、忘れられない味
小菜とサラダ編

01 見た目は地味だけど抜群においしい小菜《シャオツァイ》

「蒸し餃子はもちろん、小菜がどれもおいしいの」と教えてもらったお店「福大蒸餃《フーダージェンジャオ》館《グァン》」（写真上）。「小菜」という言葉を知ったのはまさにこのときでした。「小菜」とは字面の通り、おつまみや前菜的な小皿料理のことで、お店では棚にずらっと並べられ、好きなものをセルフでとってきていただくスタイル。メンマ、ピーナッツと小魚、湯葉と野菜の和え物、台湾風の漬物……シンプルな味付けながらも噛むほどに旨味が増し、気づいたら箸が止まらなくなる……。お店によってバリエーションが異なる、多様な小菜に出合えるのも旅の楽しみのひとつ。

「宜品福州乾拌麵《イーピンフージョウガンバンミエン》」では、なにげなくとってきたピータン豆腐のおいしさに感動。小菜がおいしいお店は、間違いなくメイン料理も期待を裏切りません！

箸休めになる
あっさり味

02 衝撃的においしかった たけのこのサラダ

台湾のたけのこはえぐみが少なく、6～7月の季節限定でゆでたものをいただけます。私は「鼎泰豐《ディンタイフォン》」でいただきましたが、添えられた甘いマヨネーズ×シャキシャキの食感がヤミツキに（写真右）。サラダといえば、「六品小館《リュウピンシャオグァン》」の白菜の芯を使った一品も記憶に残るさっぱりとした味（写真左）。

03 出合いに感謝！ 食堂の隠れ名品

こちらは食べてみて大当たりだった「金仙魚丸分店《チンシェンユーワンフェンディエン》」のえびとクワイが入った春巻きのような揚げ物。ローカルでにぎわう食堂に入り、キョロキョロ周りを見回して「みんなが頼んでいるアレ、気になるな……」と頼んでみた料理が、抜群においしいときの喜びって何ものにも替えがたいですよね！

04 毎回食べたい！ 永康街《ヨンカンジェ》名物の葱餅

台北で店先を通るたびになぜか吸い込まれるように行列に並んでしまのが半屋台のようなお店「天津蔥抓餅《ティエンジンツォンジュアビン》」。ねぎが練り込まれた、パイのように幾重にも層をなした生地の「蔥抓餅」は、食べるたびに「コレよコレ♡」とニヤついてしまうおいしさ。何度食べてもまったく飽きないから不思議。

素朴な旨味に
ハマる♡

※このページには、著者がお気に入りの台湾・台北にあるお店の名前のみ記載しております。
現地のお店に行かれる場合は、営業時間や定休日などの最新情報をご確認ください。

蒸し鶏ささみと搾菜《ザーサイ》の辣油《ラーユ》和え

台北の食堂の小菜コーナーにありそうなハズレのない鉄板。中華味が混ざり合う、満足感たっぷりのひと皿。

[材料] 作りやすい分量

鶏ささみ … 2本（100g）
酒 … 大さじ1
搾菜 … 30g
ごま油 … 大さじ1/2
しょうゆ … 大さじ1/2
白すりごま … 適宜
青ねぎ … 適宜
辣油 … 適宜

[作り方]

1 鶏ささみは筋をとり耐熱皿にのせ、酒をふりラップをかけて電子レンジにかける（600W・3分が目安）。途中で裏返して、中まで熱が通るように（電子レンジを使用しない場合は、鶏ささみ、水100mL＋酒を鍋に入れ、ふたをしてゆでて火を通して）。

2 熱いうちに**1**の身をほぐし、耐熱皿（または鍋）に残った汁、ごま油とともにボウルに入れる。

3 さらにしょうゆ、白すりごま、粗く刻んだ搾菜、小口切りにした青ねぎ、辣油を加え、和える。

ピータン豆腐

切ってのせるだけで
確実においしい!
ピータンは細かく刻まずに
大胆にのせるのが台湾流。

[材料] 1人分

豆腐（絹でも木綿でもお好みで）
…1/4丁

ピータン…1/2個

青ねぎ（さらにパクチーも盛っても）
…少々

油葱酥（フライドオニオン）…少々

しょうゆ…小さじ1/2

黒酢…小さじ1/2

[作り方]

1 ピータン半分を縦4等分にカット。青ねぎは小口切りに。

2 皿に豆腐を盛り、上にピータン、青ねぎ、油葱酥をトッピングし、しょうゆと黒酢をかけて。

台湾屋台でおなじみ、
店先を通るたびに無性に
食べたくなる薄焼き葱餅。
冷凍パイシートで手軽かつ
食べやすいサイズ感にアレンジ。

おつまみ葱油餅《ツォンヨウビン》

[材料] 直径約7cm×4個分

冷凍パイシート … 1/2枚
青ねぎ（小口切り）
… 大さじ2程度
塩・こしょう … 少々
干し桜えび … 小さじ1程度

[作り方]

1 冷凍パイシートを冷凍庫から出して10分ほど、常温に置いておく。やわらかくなったら半分に切って正方形2枚に。1枚につき青ねぎ大さじ1程度をのせ、塩・こしょうをしたら、手前からくるくるとパイシートを巻き、長さを半分に切る。

2 半分に切った生地を縦にし、断面を指で押しながら平らに丸くのばし、中央に干し桜えびを2〜3匹埋め込むようにのせる。

3 フライパン（テフロンでない場合は油を適宜ひいて）を中火で熱し、**2**の生地の表裏両面がきつね色になるまで焼く。

花椒《ホアシャオ》香る枝豆炒め

台湾といえばお酒はビール、お供にはやっぱり枝豆を。塩味付き冷凍枝豆にピリ辛味をつけてヤミツキおつまみに。

[材料] 作りやすい分量

冷凍枝豆 … 100g
ごま油 … 大さじ1
鷹の爪（輪切り） … 2本分
花椒（ホール） … 小さじ1程度
水 … 50mL
黒こしょう … 少々

[作り方]

1 冷凍枝豆を解凍する（パッケージに準じた方法で）。味をなじみやすくするため、枝豆のさやの両端をハサミでカットする。

2 フライパンにごま油を中火で熱し、鷹の爪と花椒を軽く炒めた後、枝豆と水を加え、水気がなくなるまで炒める。にんにくが好きな場合は、刻んだにんにくも加えて炒めても。

3 仕上げに黒こしょうをガリガリ挽き、さらに辛みをプラス。

外食文化の台湾でも、
大根餅は家庭料理の定番。
混ぜて焼くだけ、もちもち生地に
ザクザク具材の旨味コントラスト！

蒸さずに簡単 大根餅

[材料] 直径約5㎝×5個分

大根 … 6㎝程度(200g)
干しえび … 大さじ1強
しょうが(すりおろす) … 1片
青ねぎ(小口切り) … 大さじ2程度
片栗粉 … 大さじ2〜3
塩 … ひとつまみ
ごま油 … 大さじ1

●つけダレ

しょうゆ … 小さじ1/2
黒酢 … 小さじ1/2
辣油 … 適宜

[作り方]

1 干しえびはぬるま湯に20分ほど浸してふやかしてから、粗めのみじん切りに。大根はすりおろし、水分をきる。

2 ボウルに**1**としょうが、青ねぎ、塩を入れ具材がばらけるように混ぜたら、大さじ2の片栗粉を加えて均一に混ぜ、耳たぶくらいの硬さの生地になるように調整(生地がやわらかい場合はさらに片栗粉を足す)。

3 フライパンにごま油を中火で熱し、**2**の生地を5等分にし、丸く平らにして焼いていく。ひっくり返して焼き、両面がほんのり色づいたら焼き上がり。

魯肉飯に添えてもおいしい！
そのまま食べても止まらない！
放置プレイで味しみしみの
台湾風ヤミツキ漬けもの。

大根の台湾漬け

[材料] 作りやすい分量

大根 … 3〜4cm分（約100g）

A
- ごま油 … 大さじ1/2
- しょうゆ … 大さじ2
- 紹興酒 … 大さじ2（なければ料理酒でもOK）
- きび砂糖 … 大さじ1弱
- 馬告 … 15粒
- 八角 … 1個
- 鷹の爪 … 1本

[作り方]

1 大根を幅7mm程度の拍子木切り（皮をむき、長さ3〜4cmのまま四角柱に切る）にする。

2 ジップ付き保存袋に**1**の大根と**A**をすべて入れる。

3 冷蔵庫でひと晩、そのまま漬け込む。

ピリ辛エリンギ さきいか炒め

レストランでふと頼み、
リピートするほどハマったひと皿からインスパイア。
試食してもらった友人からも「コレ絶対に作りたい」と大好評。
干したエリンギの凝縮された旨味にハマる、
何度も作りたくなる酒のあて。

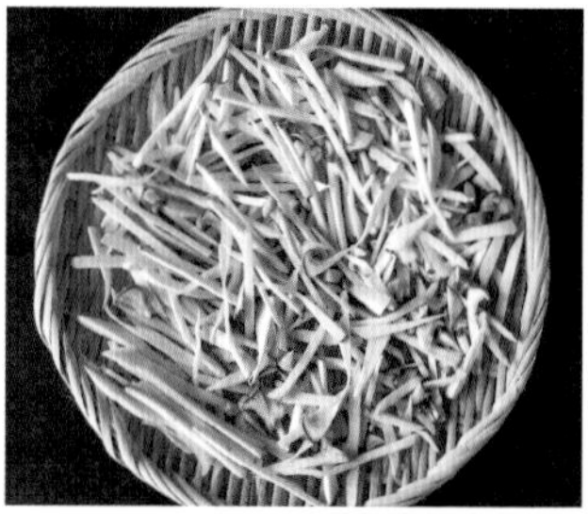

▽

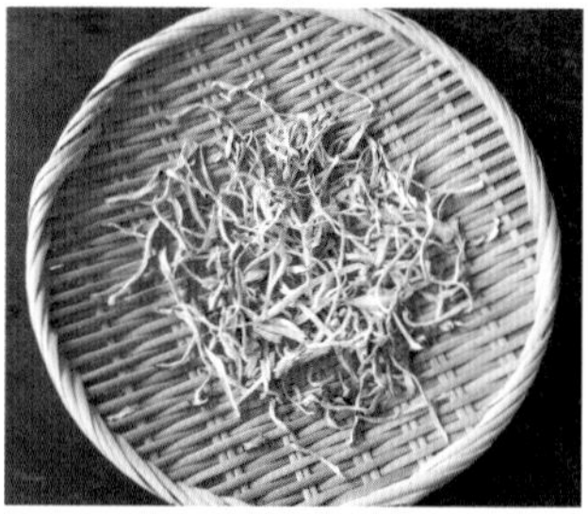

エリンギはざるにのせ、日の当たる風通しのいい場所に。干すことで、旨味が凝縮され、栄養価もアップ。キュキュッとやや噛みごたえのある食感に。

[材料] 作りやすい分量

エリンギ … 1パック
ソフトさきいか … 10g
鷹の爪（輪切り） … 2本分
ごま油 … 大さじ1
塩 … 少々

[作り方]

1 エリンギは細かく裂いてざるにのせ、2日ほど天日干しにしてセミドライに。

2 フライパンを中火にかけごま油を熱し、鷹の爪を軽く炒めたら、エリンギとソフトさきいかを加えてさっと手早く炒める。

3 塩を加え、味を調える。

甘酢きくらげ

見た目は地味なのに、
噛むほどに旨い。
そんな台湾小菜の醍醐味を
味わえる、シンプルに
旨いきくらげの食し方。

[材料] 作りやすい分量

干しきくらげ … 4枚
しょうが … 1片
A
- 黒酢 … 大さじ1
- しょうゆ … 小さじ1
- きび砂糖 … 小さじ1
- 辣油 … 少々
- 塩 … ひとつまみ

クコの実 … 10粒程度

[作り方]

1 干しきくらげは水（分量外）に浸してもどす。水の場合は6時間、40℃くらいのぬるま湯なら20～30分程度。

2 もどしたきくらげを切る。硬い石づき部分は取り除き、食べやすい大きさに。しょうがは千切りに。

3 ボウルに**2**と**A**、クコの実を入れて和え、30分ほどおいて味をなじませる。

台湾の食堂に
漬け物があったら、
こんな味かなって
妄想で！
花椒のしびれる辛みで
ポリポリ止まらないおいしさ。

きゅうりとセロリの花椒《ホアジャオ》漬け

[材料] 作りやすい分量

きゅうり … 1本

セロリ … 1/4株程度

A
- しょうゆ … 小さじ1
- 酢 … 大さじ1
- きび砂糖 … 小さじ1
- 花椒（ホール）… 小さじ1程度

[作り方]

1 きゅうりはヘタをとり、長さ3〜4cmに切った後、縦4等分に。セロリは筋を軽く取り除いた後、食べやすい大きさの斜め切りに。

2 ジップ付き保存袋に**1**を入れ、Aをすべて加えて封をし軽くもみ込んだら、冷蔵庫で3時間寝かせる。しっかりめに漬けたい場合はひと晩寝かせて。

れんこんとモロッコインゲン、ちくわの花生《ホアシャン》炊き

ピーナッツ風味ならたちまち
台湾風の味になるから不思議！
ごま和え感覚で
ピーナッツ粉を活用して

[材料] 作りやすい分量

れんこん … 小1節
モロッコインゲン（インゲン、スナップえんどう、絹さやで代用も可）… 2本
ちくわ … 1本
ごま油 … 大さじ1
A 酒 … 大さじ1
A しょうゆ … 大さじ1/2
A きび砂糖 … 小さじ1/2
A 水 … 50mL
ピーナッツ粉 … 大さじ2

[作り方]

1 れんこんは皮をむき、2〜3㎜幅に切り、10分ほど水にさらしてからざるにあげて水気をきる。モロッコインゲンとちくわはそれぞれ、食べやすい大きさの斜め切りに。

2 鍋にごま油を中火で熱し、**1**の具材を入れ油が回ったら、**A**をすべて加えて、水気を飛ばしながら炒めていく。

3 れんこんが程よい硬さになったら、ピーナッツ粉を加え、ひと回しする。

厚揚げのじゃこ炒め

和食にもありそうな
定番おつまみは、
甘辛い味付けで
一気に台湾風味にシフト。

[材料] 作りやすい分量

厚揚げ … 1枚（約150g）
ちりめんじゃこ … 大さじ2（約20g）
鷹の爪（輪切り） … 2本分
ごま油 … 大さじ1
A
- 酒 … 大さじ1
- しょうゆ … 小さじ1/2
- きび砂糖 … ふたつまみ

青ねぎ … 適量

[作り方]

1 厚揚げを縦に半分に、さらに幅5mmほどに切る。青ねぎを小口切りにしておく。

2 フライパンでごま油を中火で熱し、鷹の爪とじゃこをさっと炒め油が回ったら、厚揚げと**A**を加え水分がなくなるまで炒める。

3 皿に**2**を盛り、青ねぎをトッピング。

カニカマのおつまみ春巻き

迪化街《ディーホアジエ》にある食堂の隠れ人気メニュー、
えび×クワイの春巻き風を、食材替えで。
甘味ダレを添え、家庭的なジャンクさを味わって。

[材料]ミニ春巻き8本分

カニカマ … 5〜6本
たけのこの水煮 … 50g
春巻きの皮 … 2枚
A
- 酒 … 大さじ1
- しょうゆ … 小さじ1/4
- 五香粉 … 小さじ1/2
- きび砂糖 … 小さじ1/2

油(揚げ用) … 適量

●つけダレ
- 中濃ソース … 大さじ1
- きび砂糖 … 小さじ1/2

からし … 適量

[作り方]

1 カニカマは1本を6等分に切る。たけのこは5㎜程度の角切りに。鍋に**A**を入れ、中火でカニカマとたけのこを水分がなくなるまで炒め煮して下味をつける。

2 春巻きの皮は1枚を4等分の小さい正方形に切る。裏面に**1**の具材をのせて春巻きを巻く要領でくるっと巻き、水をつけて端を留める。

3 小鍋またはフライパンに深さ1㎝くらいになる量の揚げ油を入れて熱し、油が温まったら弱火にして**2**で作った春巻きを揚げていく。キツネ色になったらひっくり返し、ムラがないよう揚がったら、キッチンペーパーをしいた皿にあげて油をきる。

4 つけダレとしてきび砂糖を加えて甘くしたソースと、からしを皿に添えて。

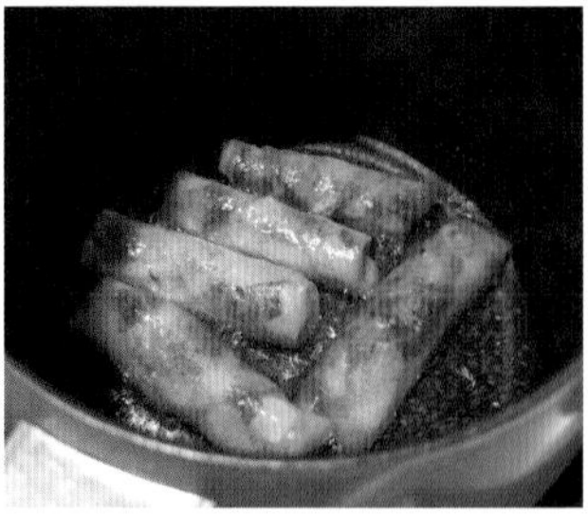

厚み1.5㎝程度のミニ春巻きなので、深さのある小鍋に揚げ油少なめでOK。油少なめなので、油ハネも最小限に抑えられ、油の後処理にも困らないはず。

Point

揚げ油は、菜種油、米油、キャノーラ油、サラダ油など自宅にあるものを使えばOK。

だしをとった後の
昆布を再利用。
台湾でも味わえそうな
素朴な旨味に
つい箸が伸びる……。

黒ごま にんじん昆布

[材料] 作りやすい分量

昆布（だしをとった後のもの）…1枚
にんじん … 1/3本
塩昆布 … 大さじ1
ごま油 … 大さじ1/2
黒すりごま … 大さじ1

[作り方]

1 だしをとった後の昆布は5㎜幅に切る。にんじんは皮をむき、ピーラーを使って薄切りに。

2 ボウルに**1**を入れてごま油を絡ませてから、塩昆布と黒すりごまを加えて和える。

台湾風 スパイシーポテト

おつまみにも、おやつにも、
揚げ芋はいつだって正義！
五香粉に花椒のWパンチならなおさら♡

[材料] 作りやすい分量

じゃがいも … 1個
片栗粉 … 大さじ2
塩 … 小さじ1/4
こしょう … 適宜
揚げ油 … 適量
五香粉 … 小さじ1/2
花椒粉 … 小さじ1/2

[作り方]

1 じゃがいもは皮をむき、5㎜角程度の拍子木切りに。ビニール袋に片栗粉と塩・こしょう、カットしたじゃがいもを入れ、上部をしっかり持ってしゃかしゃか振り、衣をムラなくつける。

2 小鍋に**1**を投入し、ひたひたになるくらいの量の揚げ油を入れてから、火をつける。

3 じゃがいもがムラなくキツネ色になったら揚げ上がり。キッチンペーパーをしいた皿の上にあげて油をきったらボウルに移し、五香粉＆花椒粉（ホールの場合はミルなどで挽く）を加え、適宜塩も足して味を調える。

甘辛酢じょうゆの味付けが台湾風。じわじわと追随する旨味×しゃきしゃき食感がポイント。

千切りじゃがいものサラダ

[材料] 作りやすい分量

じゃがいも … 1個（約100g）
ごま油 … 大さじ1
A
- しょうゆ … 大さじ1
- 酢 … 大さじ1
- きび砂糖 … 小さじ1
- 干し桜えび … ひとつまみ
- 鷹の爪（輪切り）… 約1本分

[作り方]

1 じゃがいもを粗めの千切りに。鍋で沸騰させたお湯（分量外）に入れ、約1分強火でゆでてざるにあげる。しゃきしゃき感を残したいので、さっとゆでるのがポイント。

2 ボウルに水気をきった**1**を入れてごま油を絡め、**A**を加えて和える。

Point

和える際は具材に油を先に絡ませてから、しょうゆや酢などの調味料を。味が絡みやすくなるだけでなく、野菜などの具材から水分が出るのを防ぐ効果も。

ピーナッツを
添えるだけで
たちまち台湾気分！
酸味マイルドな
やわらかい梅干しが
味の決め手に。

白菜とパプリカの たたき梅酢サラダ

[材料] 作りやすい分量

白菜 … 1〜2枚

パプリカ … 1/6個

ピーナッツ … 20粒程度

梅干し（ハチミツなどに漬け込んであるマイルドなもの）… 2個

ごま油 … 大さじ1

A
- 酢 … 大さじ1
- きび砂糖 … 小さじ1/4
- しょうゆ … 小さじ1/4
- かつお節 … 2g程度

[作り方]

1 白菜を3〜4cmの長さにカットしてから、約5mm幅に切る。パプリカも3〜4cm幅にカットしてから、薄切りに。ピーナッツは殻＆皮をむき、包丁で粗めに砕く。

2 ボウルに種を取り除いた梅干しを入れ、フォークなどでつぶす。そのボウルに**1**を入れ、ごま油を絡ませる。

3 さらに**A**を加えてざっくり和える。

爽やかな馬告の風味で
シンプルな中華和えが
格段にグレードアップ！

豆もやし、きゅうり、ハムの馬告《マーガオ》ポン酢和え

[材料] 作りやすい分量

豆もやし … 50g(1/2袋)
きゅうり … 1/2本
ハム … 2枚
ごま油 … 大さじ1
ポン酢 … 大さじ1
馬告 … 20粒程度

[作り方]

1 豆もやしはひげを取り除き、鍋に沸騰させたお湯(分量外)で2分程度さっとゆで、ざるにあげて水気をきっておく。

2 きゅうりはヘタをとり、長さ4～5cmの粗めの千切りに。ハムは食べやすい大きさの斜め切りにする。馬告は包丁で粗く刻んでおく。

3 ボウルに豆もやし、きゅうり、ハムを入れ、ごま油を絡ませた後、ポン酢と馬告を加えて和える。

搾菜とピーナッツの
ザクザク食感がポイント。
食欲をそそるシンプル小菜。

ミニトマトと搾菜《ザーサイ》、ピーナッツ

[材料] 作りやすい分量

ミニトマト … 10個
搾菜 … 10g程度（粗みじん切りにして大さじ山盛り1程度）
ピーナッツ … 10粒程度
ごま油 … 大さじ1弱
A しょうゆ … 大さじ1/2
　酢 … 大さじ1弱
　きび砂糖 … ひとつまみ

[作り方]

1 ミニトマトはヘタをとり横半分にカット。搾菜は粗みじん切りに。ピーナッツは1粒を1/3〜1/4くらいに砕いておく。

2 ボウルに**1**の具材を入れ、まずはごま油を絡ませてからAを入れてざっくり和える。

台湾風ポテサラ

黒酢と五香粉《ウーシャンフェン》で台湾味に、
さらに燻製《くんせい》ナッツでひねりをプラス。
茶葉蛋《チャーイエダン》を崩しながらいただく
幸せたっぷりの創作料理。

[材料] 作りやすい分量

じゃがいも … 2個
きゅうり … 1/2本
油葱酥（フライドオニオン） … 大さじ2
太白ごま油 … 大さじ1
塩 … ひとつまみ
燻製ミックスナッツ … 30g
黒酢 … 大さじ1
五香粉 … 小さじ1
マヨネーズ … 大さじ1・1/2
茶葉蛋（P.100参照） … 2個

[作り方]

1 じゃがいもは皮をむき、1個を6等分くらいにカットし、水（分量外）を張った鍋に入れ火にかけ、やわらかくなるまでゆでる。ゆであがったらざるにあげて水気をきる。

2 **1**をボウルに移して、温かいうちにフォークなどでつぶす。太白ごま油と黒酢、塩、油葱酥を加えて下味をつけておく。

3 きゅうりはヘタをとり、薄切りに。塩（分量外）をひとつまみ程度ふり、もみ込んで約10分置いて、出てきた水分をしっかり絞る。

4 **2**の粗熱がとれたら、**3**と粗く砕いた燻製ナッツの2/3量、五香粉、マヨネーズを加えて味を調える。

5 小皿に盛り、上に半分にカットした茶葉蛋をのせる。さらに周りに残りの燻製ナッツをトッピングして。

じゃがいもをゆで、温かいうちに下味をつけておくと、必要以上にマヨネーズを使わなくても満足感のある味に。

たけのこと芽キャベツの甘マヨネーズ添え

旬のたけのこを
甘い台湾マヨネーズでいただく
現地のひと皿から着想を得て……。

[材料] 作りやすい分量

たけのこの水煮 … 100g

芽キャベツ（ブロッコリーやカリフラワーで代用も可）… 4〜5個

めんつゆ（または、液体白だし）… 大さじ1

マヨネーズ … 大さじ1強
きび砂糖 … 小さじ1/2

[作り方]

1 たけのこは食べやすい大きさに切り、雑味をとるためさっとゆでて水気をきる。

2 縦半分に切った芽キャベツを水（100mL・分量外）とともに鍋に入れ、ふたをして火にかけ、沸騰して約3分蒸し煮する。芽キャベツがやわらかくなったら、**1**のたけのことめんつゆを加え、ほのかな風味をつける。

3 きび砂糖を混ぜて甘くしたマヨネーズを皿に添え、つけながらいただく。

気軽に買える
パイナップルで
フルーツサラダを
台湾風に！

鳳梨《パイナップル》とカニカマのベビーリーフサラダ

[材料] 作りやすい分量

パイナップル … 1/8〜1/6個分
ベビーリーフ … 1/2袋
カニカマ … 4本
太白ごま油（または米油）
… 大さじ1
酢 … 小さじ1
塩 … ひとつまみ
油葱酥（フライドオニオン）
… 小さじ1/2程度

[作り方]

1. パイナップルを食べやすい大きさにカット。ベビーリーフは洗って水気をきっておく。
2. ボウルに**1**とカニカマを裂きながら加え、まずは太白ごま油を全体に絡めてから、酢と塩を加えて味を調える。
3. 皿に盛り、油葱酥をトッピングする。

パクチーとセロリで
香り豊かに！
麺状の干豆腐
〝豆腐干絲《トウフカンス》〟の定番サラダ。

香菜干絲《シャンツァイカンス》

[材料] 作りやすい分量

豆腐干絲 … 100g
パクチー … 1株
セロリ … 約7㎝分
ごま油 … 大さじ1
A
- 黒酢 … 大さじ1
- しょうゆ … 小さじ1/2
- 塩 … ひとつまみ
- きび砂糖 … ひとつまみ

Point

豆腐干絲は冷凍で売っていることが多いのですが、水に浸かった状態で冷蔵で売られている「富強食品 豆腐干絲（スタンドパック）」がお気に入り。軽く湯通ししてそのまま使えて便利なうえ、味も抜群においしい！

[作り方]

1 豆腐干絲を解凍してから鍋にお湯（分量外）を沸かし5分ほどゆで、ざるにあげて軽く水洗いをする。水気をよくきったら、食べやすい長さにカットする。

2 パクチーは長さ3〜4㎝に、セロリは軽く筋をとり、薄切りにする。

3 ボウルに豆腐干絲、パクチー、セロリを入れ、ごま油を絡めてから、Aを加えて和える。塩の量は味見しながら適宜調整して。

ザク切り野菜の中華風ツナサラダ

すりごまはたっぷりめに。
ツナの旨味が食欲をそそり
〝爆食い〟必至！

[材料] 作りやすい分量

大根 … 4〜5cm
きゅうり … 1/2本
にんじん … 1/2本
ツナ … 1缶
ごま油 … 大さじ2
A
- しょうゆ … 大さじ2
- 酢 … 大さじ2
- きび砂糖 … ふたつまみ
- 白すりごま … 大さじ2

辣油 … 適量

[作り方]

1 大根、にんじんは皮をむき、きゅうりはヘタを取り除き、それぞれ3㎜幅程度の拍子木切りに。ツナ缶は水や油をきる。

2 ボウルに**1**の具材を入れ、ごま油を絡めてから、**A**を加えて混ぜ、味を調える。

3 皿に盛り、好みで辣油をトッピング。

甘めの味付け×ピーナッツで箸休めにぴったりの副菜が完成。

キャベツと花生《ホアシャン》の甘酢ピクルス

[材料] 作りやすい分量

キャベツ … 3枚（約150g）
ピーナッツ … 20粒（約30g）

A
- ごま油 … 大さじ1
- 黒酢 … 大さじ2
- きび砂糖 … 小さじ1
- 塩 … ひとつまみ

[作り方]

1 キャベツを千切りにし、鍋にお湯（分量外）を沸かし、約30秒さっとゆで、ざるにあげて水気をきる。

2 ボウルに水気をよくきった**1**とピーナッツ（殻付きの場合、殻＆薄皮をむいて）、**A**を入れ、よく混ぜて味を調える。

第4章

鍋と汁

Hot pot & Soup

台湾旅で出合った、忘れられない味

鍋と汁編

01 酸味と旨味の二重奏！ ヘルシーに温まる酸菜火鍋《スヮンツァイフゥオグォ》

「圍爐《ウェイルー》」は台北にある、言わずと知れた鍋の名店。私も季節を問わず、何度もリピートしています。ここの「酸菜火鍋」は自家製の発酵させた白菜に豚肉、さらに牡蠣や干しえび、カニのだしも相まって、洗練されていながらも滋味あふれるおいしさ。タレコーナーがあり、10種以上の調味料を調合し、自分好みのタレをつけながら、パクチーや青ねぎなどの薬味もプラスして、適宜味変しながらいただけるのも魅力です。台湾に行けない今、この鍋の味をどうにか自宅でも再現しようと、何度もチャレンジ。より手軽にアレンジして楽しんでいます！

鍋が運ばれてくる前に、タレを調合しながら待つ時間も楽しい！

02 エンタメ性もある 極旨ローカル火鍋

石製の鍋に多めのごま油を熱し、肉や具材を炒めてから、だし汁を注ぐ…店員さんが作るプロセスを見ているのも楽しい「石頭火鍋《スートウフォオグォ》」。私が訪れたローカル味あふれるリーズナブルなお店「雅香石頭火鍋《ヤーシェンスートウフォオグォ》」では、好きな具材を冷蔵庫からとってくる半セルフ方式。こちらのお店も、自分で調合したタレでいただきます。ごま油の香りが食欲をそそり、この上ない幸せ♡

具材は皿の色で値段が異なる、回転寿司風な仕組み。

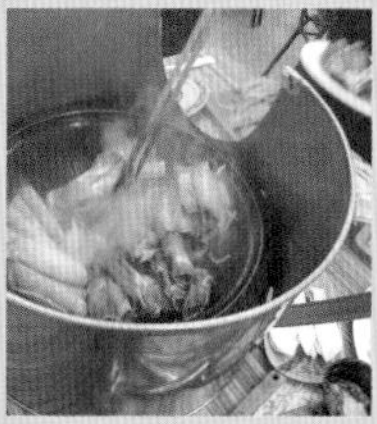

まずは肉を炒めてごま油に肉の風味をつけてから……。

03 やさしいのに印象的な 個性あふれるスープ

食べまくり弾丸旅の最後に「今日のNo.1は?」と尋ねると、「魚丸《ユーワン》スープ」と答える友人が多数。「佳興魚丸店《ジアシンユーワンディエン》」は、ふわプリな魚のすり身団子&しっかり食感の椎茸団子が入ったスープ(写真右)が絶品。「人和園雲南菜《レンホーユアンユンナンツァイ》」の豆スープは、見た目のインパクトからも指名の多い一品。「三五水餃《サンウーシュイジャオ》」の酸辣湯《サンラータン》は、独特の酸味&辛味がクセに。台湾のスープはやさしく沁《し》み、記憶に残る味。

プチプチ弾けるスナップエンドウの豆だけを使用。

まろやかなのにググッと刺さる酸味×辛味にハマる!

※このページには、著者がお気に入りの台湾・台北にあるお店の名前のみ記載しております。
現地のお店に行かれる場合は、営業時間や定休日などの最新情報をご確認ください。

酸《スワン》菜《ツァイ》火《フウオ》鍋《グオ》

市販の白菜漬けを使えばお手軽！
本場のものより酸味は控えめだけれど……
干しえび&しいたけや牡蠣のだしで
タレなし、そのままでも旨味たっぷり。

[材料] 4人分

白菜漬け … 2袋（約400g）
豚バラ薄切り肉（しゃぶしゃぶ用） … 300g程度
牡蠣 … 適宜
しめじ … 適宜
高野豆腐 … 4個
水 … 6〜8カップ
干ししいたけ … 2枚
昆布 … 1枚
干しえび … 大さじ1強
にんにく … 2かけ
青ねぎ（小口切り）・パクチー（ざく切り） … 各適量

[作り方]

1 白菜漬けは水気をよくきり、幅5㎜ほどに細かく切る。

2 高野豆腐はぬるま湯に浸してもどしておく。ふっくらもどったら、縦4等分にカット。

3 鍋に水、昆布、干ししいたけ（乾燥したまま）、干しえび、にんにくを入れて沸騰させ、だしをとる。干ししいたけはやわらかくなったら一度鍋から出し、石づきをとって細切りにしてから鍋に戻す。

4 **3**の鍋に、**1**でカットした白菜漬けを入れふたをして、トロッとやわらかくなるまで20〜30分ほど煮る。

5 白菜がトロッとしたら、牡蠣、しめじ、高野豆腐を鍋に加えひと煮立ちさせる。

6 豚肉を加えて火が通ったらできあがり。豚肉は各自しゃぶしゃぶしながらいただいても。

Point

酸菜は手作りもできますが、発酵させるのが難しい場合も。市販の白菜漬け（柚子風味などは避け、ベーシックなもの）を使用するのが手軽。賞味期限ギリギリの、発酵が進んだものを使ったり、古漬けを選ぶのがおすすめ。

取り分けたら、青ねぎやパクチーを適宜トッピングして。本場のお店では黒酢や練りごま、しょうゆ、辣油、にんにく、しょうがなどを調合して好みのタレでいただきますが、だしの旨味がたっぷりなのでそのままでも十分！

石頭火鍋《スートウフゥオグゥオ》

ごま油の香ばしさが食欲をそそる！
下味をつけた肉＆野菜を
炒めてから鶏がらだしで煮る、
台湾の街角の鍋専門店の味。
つけダレは東京の石頭火鍋店のアイディアで。

[材料] 4人分

牛肉(しゃぶしゃぶ用／豚肉や羊肉でも)
…300g
えび、帆立、イカなどの海鮮類…適宜
長ねぎ…2本
玉ねぎ…1個
白菜…1/4株
チンゲン菜…1〜2束
しいたけ…6個
舞茸(しめじ、えのきで代用も可)…1パック
木綿豆腐…1丁

A
- しょうゆ…大さじ1
- 酒…大さじ1
- きび砂糖…小さじ1
- おろししょうが…小さじ1

ごま油…大さじ4
水…1L
鶏がらスープの素…大さじ1

●つけダレ
- 卵…4個
- しょうゆ…大さじ1
- 黒酢…大さじ1
- おろしにんにく…適量
- 辣油…適量

[作り方]

1 長ねぎは4〜5cmの長さに、玉ねぎはくし形切りに、白菜とチンゲン菜、豆腐は食べやすい大きさにカット。しいたけは石づきを取り除き、身は4等分に切る。舞茸は食べやすい大きさにほぐしておく。

2 肉にAをまぶして10分ほど置いて下味をつける。鍋にごま油大さじ3を中火で熱して肉の色が変わるまで炒め、一度取り出す。

3 鍋に大さじ1のごま油を足し、長ねぎ、玉ねぎ、白菜、チンゲン菜を炒め、油が回ったら水と鶏がらスープの素、しいたけ、舞茸も加える。

4 沸いてきたら豆腐と海鮮類を加えて、火が通るまで煮る。その後、**2**の肉を鍋に戻す。

5 深さのある取り皿に、卵(ひとり分1個ずつ)を溶き、つけダレの材料(しょうゆ、黒酢はひとり分各大さじ1/4ずつ)を合わせ、火が通った鍋の具材をタレにつけていただく。

Point

現地のお店では石製の大鍋を使っていますが、家庭ではすきやき用の鉄鍋や鋳物鍋を使って。ごま油で具材を炒め、そのまま煮込みもできる鍋を使うのが、旨味を凝縮するカギに。

肉を多めのごま油で一度炒めることで、油に肉の風味が移り、旨味たっぷりのだしのベースに。肉の味が薄まるのを防ぐため、一度肉は取り出しておく。

野菜もざっといためてから、水、鶏がらスープの素、きのこ類を加えて煮ていく。その後、海鮮類も加えて煮ることでだしの旨味がさらにアップ。

台北で何度もリピートしている
白身魚の団子〝魚丸〟のスープ。
はんぺんを使って
食感を寄せて手軽に再現。

魚丸《ユーワン》風はんぺんスープ

[材料] 2人分

はんぺん … 1/2個
豚ひき肉 … 50g
セロリ(葉と茎) … 7cm程度
ごま油 … 大さじ1/2
水 … 600mL
酒 … 大さじ1
中華万能調味料 … 小さじ1

[作り方]

1 セロリは筋を軽く取り除き、葉と茎を粗みじん切りに。鍋を中火にかけごま油を熱し、豚ひき肉をそぼろ状になるよう炒める。

2 **1**の鍋に水と酒を加えて沸いてきたら、中華万能調味料とセロリを加える。さらに大きめのスプーンを使ってはんぺんをころんとした乱切りにし、鍋に加える。

3 はんぺんがふわっとやわらかく煮えたらできあがり。

ゴーヤと豚バラ肉のスープ

魯肉飯と共に供される
白苦瓜とスペアリブのスープを
作りやすい具材で時短にアレンジ。
ゴーヤの苦みをあえてのスパイスに。

[材料] 2人分

ゴーヤ … 1/3本
豚バラ肉 … 50g
しょうが（千切り）… 1片
水 … 600mL
酒 … 大さじ1
中華万能調味料 … 小さじ1
塩・こしょう … 少々

[作り方]

1 ゴーヤは縦半分に切り、わたをスプーンですくって取り除き、約2cm幅に切る。豚バラ肉も約2cm幅に切っておく。しょうがは千切りに。

2 鍋に水と**1**の具材と酒を入れて中火にかけ、沸騰したらアクを取り除きながら、ゴーヤが程よい硬さになるまで煮る。

3 中華万能調味料と塩・こしょうを加え、味を調える。

白菜と干しえびの豆乳スープ

豆乳を水で割るから
口あたり軽やか。
干しえびの魔法のだしで
台湾風味に香る。

[材料] 2人分

白菜 … 200g（1/10株程度）
干し桜えび
… 大さじ山盛り1程度
水 … 300mL
無調整豆乳 … 300mL
鶏がらスープの素 … 大さじ1

[作り方]

1 白菜は長さ3〜4cmの食べやすい大きさに切る。

2 鍋に水と無調整豆乳、干し桜えびを入れて火にかけ、沸騰したら鶏がらスープの素と白菜を入れて中火に。

3 白菜がやわらかく煮えたらできあがり。

台湾の食堂の定番は
だしパック&キャベツを
加えた和風アレンジで、
さらに滋味あふれる味わいに。

あさりとしょうが、キャベツのスープ

[材料] 2人分

あさり（塩抜き）… 200g
しょうが（千切り）… 2片分
キャベツ … 2枚
水 … 700mL
酒 … 大さじ1
だしパック … 1個
塩 … 少々

[作り方]

1 キャベツは粗めの千切りに。

2 鍋に水とだしパックを入れ、煮出してだしをとった後、だしパックを取り出し、あさり、しょうが、酒を加えて中火にかける。沸騰したら弱火にしてアクを取り除き、あさりが開くまで煮る。

3 最後にキャベツを加え、ひと煮たちさせたら、塩を加えて味を調える。

酸《サン》辣《ラー》湯《タン》

台北では水餃子の良き相棒！
目ざすのは、辛味と酸味のバランスがいい
一気に飲み干したくなる味。

[材料] 2人分

豚こま切れ肉 … 100g
たけのこの水煮 … 50g
にんじん … 1/3本
干ししいたけ … 2枚
干しきくらげ … 2枚
木綿豆腐 … 1/4丁
しょうが … 1片
水 … 300mL
酒 … 大さじ1
豆板醤 … 小さじ2
きび砂糖 … ふたつまみ
黒酢 … 大さじ3
［片栗粉 … 大さじ2
　水 … 50mL
塩・こしょう … 少々

[作り方]

1 豚肉を粗く刻み、塩・こしょうをふっておく。たけのこは長さを半分にカットし、薄切りに。にんじんは千切りに。干ししいたけと干しきくらげはぬるま湯300mL（分量外）に20〜30分浸してもどし、それぞれ千切りに。もどし汁はとっておく。しょうがも千切りにする。豆腐はひと口大にちぎる。

2 鍋に**1**のもどし汁と水300mLを加えて沸かし、豚肉をゆでる。色が変わったら、具材すべてと酒、豆板醤、きび砂糖を加える。

3 3〜5分ほど煮て具材に火が通ったら火を止め、黒酢を加え、水溶き片栗粉を少しずつ加え混ぜながらとろみをつける。

黒酢は風味を残したいので、最初から入れずに仕上げ段階で。水溶き片栗粉はまず半量を入れて様子を見ながら足していき、とろみ具合を調整して。

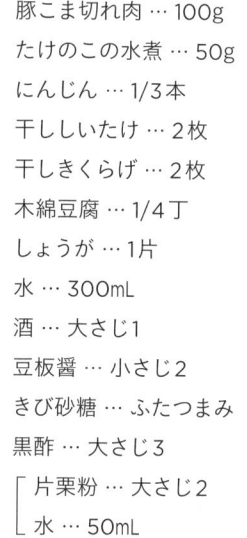

鶏手羽元の馬告《マーガオ》スープ

旨味たっぷり鶏手羽元のやさしいだしに、馬告の爽やかアクセントが相性抜群！

[材料] 2人分

鶏手羽元 … 4本
チンゲン菜 … 1束
水 … 600mL
馬告 … 20粒程度
酒 … 大さじ2
塩 … 少々

[作り方]

1 鍋に水と鶏手羽元、馬告、酒を入れて火にかけ、沸騰したら弱火にして20分ほど煮る。

2 チンゲン菜は食べやすい長さにカット。

3 1の鍋にチンゲン菜を加え、2〜3分たったら火を止め、塩で味を調える。

たとえ甘くないトマトでも
スープにすればおいしい！
プラス卵の台湾定番とろみスープ。

トマトと卵のとろ〜りスープ

［材料］2人分

トマト … 1個
卵（溶いておく） … 1個
水 … 500mL
鶏がらスープの素
　… 大さじ1弱
塩 … 少々
［片栗粉 … 大さじ1
　水 … 大さじ2
パクチー … 適量

［作り方］

1 トマトはまず半分にカットしてヘタを取り除き、8等分にカット。

2 鍋に水を沸かし、鶏がらスープの素とトマトを入れて中火で煮て、トマトがとろっとしてきたら、溶き卵を回し入れ、火を止める。

3 水溶き片栗粉を少しずつ加え、混ぜながらとろみをつける。仕上げに塩で味を調える。器に盛り、パクチーをトッピング。

春菊肉団子スープ

多様な団子スープがある台北。
豚肉に春菊を加え
こんな団子もあるかも!?と
妄想して作ったひとひねりスープ。

[材料] 2人分

豚ひき肉 … 100g
春菊 … 30g（2本程度）
塩 … ひとつまみ
A
- 卵 … 1個
- 片栗粉 … 大さじ1
- おろししょうが … 小さじ2

しめじ … 1/4パック
水 … 600mL
鶏がらスープの素 … 大さじ2/3
酒 … 大さじ1
塩・こしょう … 少々

[作り方]

1 春菊は茎から葉をみじん切りに。ボウルに豚ひき肉と塩を入れ、ピンク色になるまでよく練ったら、刻んだ春菊と**A**を加えてよく混ぜる。

2 鍋に水を沸かし、鶏がらスープの素と酒を加える。

3 **1**のたねをスプーン2本を使って直径3cm程度の丸い団子状にし、沸騰させた**2**に加える。

4 再度沸いてきたら、石づきを取り除いたしめじをほぐしながら加えて火を通し、塩・こしょうで味を調える。

利き手側のスプーンでたねをすくい、利き手と逆側のもう1本のスプーンで根元側からたねをすくうようにして丸め、利き手側のスプーンを使ってスライドさせるように、手早く鍋へイン！　キレイな球状にならなくても、素朴でおいしそうに見えるので細かいことは気にしなくてOK。

台湾のコーンスープは具だくさん。
そして、やさしさにあふれたとろみ仕立て。
冷蔵庫に残っている具材を活用して
自由な発想でアレンジしてみて。

台湾風きまぐれ
コーンスープ

[材料] 2人分

コーン(缶詰またはパック)
　… 100g
エリンギ … 1/2パック
ハム … 3枚
卵(溶いておく) … 1個
ごま油 … 大さじ1/2
水 … 500mL
鶏がらスープの素 … 大さじ1
［片栗粉 … 大さじ1
　水 … 大さじ2
塩・こしょう … 少々

[作り方]

1 エリンギとハムは約1cmの角切りに。コーンはざるにあげ、水気をきっておく。

2 鍋にごま油を中火で熱し、**1**の具材を軽く炒める。油が回ったら、水を入れて強火で沸かし、鶏がらスープの素を加え溶かす。さらに溶き卵を回し入れてから火を止めて、余熱で卵を固める。

3 水溶き片栗粉を少しずつ加え混ぜながらとろみをつけ、塩・こしょうで味を調える。

名付けて、鳳梨胡瓜鶏湯！
台湾パイナップルの
伝統スープを
きゅうりでアレンジして
異国情緒あふれる味わいに。

鳳梨《パイナップル》ときゅうりの鶏手羽元スープ

［作り方］

1 パイナップルは縦半分に切ってから、芯ごと約2㎝幅のくし形に切る。きゅうりは乱切りにする。

2 鍋に鶏手羽元と水を入れ強火にかけ、沸いたら弱火にしてアクを取り除く。**1**と**A**を加え、途中でもアクを取り除きながら20〜30分煮込む。

3 具材がやわらかく煮えたら、塩・こしょうを加えて味を調える。

［材料］2〜3人分

パイナップル
　… 1/4個（約200g）
きゅうり … 1本
鶏手羽元 … 5〜6本
水 … 800mL
A ┌ 酒 … 大さじ2
　│ きび砂糖 … 小さじ1
　└ しょうゆ … 小さじ1/2
塩・こしょう … 少々

本場では豆だけを贅沢に。
もったいない精神あふれる
アレンジスープは、
さやも刻んで食感よく!

スナップエンドウのプチプチスープ

[材料] 2人分

スナップエンドウ … 15本
水 … 500mL
鶏がらスープの素 … 小さじ2
酒 … 大さじ2
塩 … 少々

[作り方]

1 スナップエンドウはヘタと筋を取り除き、さやと豆にわける。さや部分は約5㎜幅に切る。

2 鍋に水を沸かし、鶏がらスープの素と酒、**1**を中火でゆでる。

3 5分ほどしたら火を止め、塩で味を調える。

第5章

菜
～おかず

Side dish

菜編

台湾旅で出合った、忘れられない味

01 目移りしまくり！台湾風の多彩なおかずが楽しめるお店

「菜《ツァイ》」とは野菜だけに限らず、肉や魚なども含むおかず全般のこと。台北で「菜」といえば、とても印象に残っているのが「小李子《シャオリイズ》清粥小菜《チンジョウシャオツァイ》」というお店。肉や魚から野菜まで、和食でも見かけるようなおなじみのおかずもあれば、台湾っぽい香りが漂うものまで、多彩なおかずがカウンターにぎっしりと。食べたいものを気ままに指差しでオーダーし、芋粥（P・23）とともにいただくのがこのお店のスタイル。味付けはどれも濃すぎず、素材の旨味が生かされていて体にスッとなじむ感覚。食べ疲れることなく、ずっと食べていたいと思うやさしい味わいが台湾風。

おかずはひと皿¥50～¥600くらい。おなかの具合に合わせて好きなものを好きなだけ楽しめます。

02 餃子を食べるなら断然、水餃子！

台湾では餃子といえば「水餃子」一択。専門店を回り食べ比べするのもおすすめ。アクセスが良く私が何度も通っているのが「三五水餃《サンウーシュイジャオ》」（時間によって「雙連高記水《シュアンリエンガオジーシュイ》餃店《ジャオディエン》」にもなるユニークな営業形態）。ぷりっぷりモチモチの皮の中のあんは、シャキシャキの黄ニラがアクセントに（写真右）。また水餃子と並びワンタンも、具材たっぷりで一食の価値アリ。「楊記大餛《ヤンジーダーフン》飩《トゥン》」の野菜多めワンタンがお気に入り。

「家郷味水餃」のイチオシは青菜感の強いナズナ入り。

「楊記大餛飩《ヤンジーダーフントゥン》」の「菜肉紅油炒手」は野菜たっぷりヘルシー。

03 納得のおいしさの居酒屋＆食堂メシ

お酒とともに食事を気軽に楽しめる台湾居酒屋「熱炒《ラーチャオ》」では、水槽にいる魚介類を捌《さば》いて調理してくれたり、家庭的なおかずを出してくれたり…。台湾に赴任している友人に連れて行ってもらった「中央市場生猛活海鮮《ジョンヤンスーチャンシェンメンフオハイシャン》」（写真右）では、秋刀魚《さんま》の塩焼きや鶏肉のピーナッツ炒めが、たまらなくおいしかった記憶が。街中の食堂「司機倶樂部《スージージュラーブー》」では、気取らないまっすぐのおいしさに出合えました。

タクシー運転手も御用達の「司機倶樂部」。虱目魚《サバヒー》という台湾ならではの白身魚の煮込みのおいしさに開眼！

※このページには、著者がお気に入りの台湾・台北にあるお店の名前のみ記載しております。現地のお店に行かれる場合は、営業時間や定休日などの最新情報をご確認ください。

春菊水餃子

台北で出合ったナズナ入り青菜餃子を、
手に入りやすい春菊でアレンジ。
しゃきしゃきの茎を食感のアクセントに
サクサク軽やかな食べ口。

[材料] 15個分

餃子の皮（厚みのあるものがベター）… 15枚
豚ひき肉 … 100g
春菊 … 3〜4束（約80g）

A
- 酒 … 大さじ2
- しょうゆ … 大さじ1
- ごま油 … 小さじ1
- おろししょうが … 小さじ2

B
- しょうゆ、黒酢、辣油 … 各適量（好みの分量で調合して）

[作り方]

1 春菊は茎から葉をみじん切りにする。

2 ボウルに豚ひき肉を入れ、脂と肉部分が混ざり淡いピンク色になるまで手でこねたら、**A**と**1**を加えてさらによく混ぜる。

3 **2**の1/15量を餃子の皮（打ち粉が少ない方）の中央にこんもりとのせ、皮の端にぐるっと水をつけたら、半分に折りまずは上部をギュッと留める。左右の皮を中央に向かって折り込んだら、中央を人差し指＆親指でつまんでひだを寄せるようにして包む。

4 鍋にたっぷりのお湯を沸かし、**3**を入れて中火で5分ゆでる。穴あきお玉などですくってざるにあげ、水気をきったら一度氷水に1分ひたす。

5 再度お湯を沸かした**4**の鍋に餃子を入れ、約1分ゆで、ざるにあげて水気をきる。皿に盛り、**B**をあわせたタレをつけていただく。

ムチムチでコロンとした水餃子にしたいので、具の量は多め。厚めの皮が手に入ると、よりもっちりつるっと現地の専門店に近い食感に。

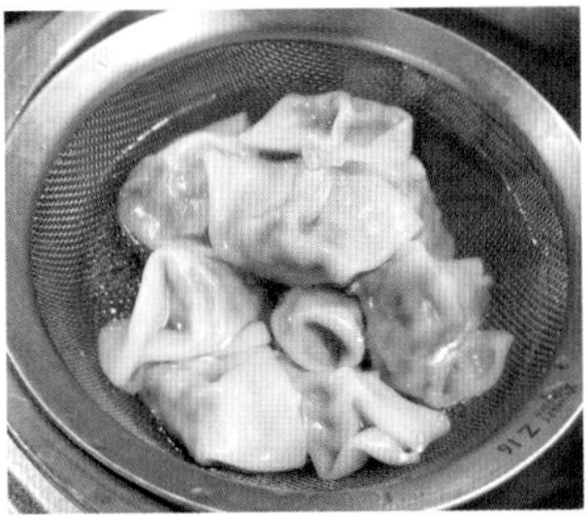

ゆでてから一度氷水でサッと冷やし、再度軽くゆでることで、よりプリッとつるっとした仕上がりになる。

Point

台湾の餃子専門店は手作りの皮を使っているので、つるっとモチモチ！　現地の食感に寄せるなら、市販の餃子の皮は「厚め」を選んで。余った皮は冷凍保存も可能。オーブンペーパーで包んでから、アルミホイルで二重に包み、ジップ付き保存袋に入れて冷凍すると、霜がつくのを防げる。

東京の台湾料理屋で出合ってドハマリ！口の中でふわっと広がる馬告の爽やかさがたまらない水餃子。

馬告《マーガオ》水餃子

[材料] 10個分

餃子の皮 … 10枚
豚ひき肉 … 100g
セロリ（茎：葉＝3：1）
　… 1/3本程度（約50g）
馬告 … 大さじ1程度（約5g）
A
- 酒 … 大さじ1
- ごま油 … 小さじ1
- しょうゆ … 小さじ1/4
- 塩 … 小さじ1/4

馬告（トッピング用） … 適量

[作り方]

1 セロリをみじん切りに。馬告は包丁で細かく刻んでおく。

2 豚ひき肉をボウルに入れ、脂と肉部分が混ざり淡いピンク色になるまでこねたら、**1**と**A**を加えてよく混ぜる。餃子の皮で具材の1/10ずつを包む（包み方はP.89参照）。

3 鍋にたっぷりのお湯を沸かし、餃子をゆでる（ゆで方はP.89参照）。器に盛り、砕いた馬告を適宜トッピング。そのままいただいても、タレ（P.89参照）をつけてもOK。

台湾でよく見かける
モチモチの棒状焼餃子。
五香粉《ウーシャンフェン》をしっかり効かせて
焼いているそばから
旅気分♪

五香粉《ウーシャンフェン》棒餃子

[材料] 10個分

餃子の皮 … 10枚
豚ひき肉 … 100g
白菜 … 80g
長ねぎ … 5cm（約20g）

A
- しょうゆ … 大さじ1
- 酒 … 大さじ1
- ごま油 … 小さじ1/2
- きび砂糖 … 小さじ1/2
- おろししょうが … 小さじ1
- 五香粉 … 小さじ1

ごま油 … 適量

[作り方]

1 ボウルに豚ひき肉を入れ、脂と肉部分が混ざり淡いピンク色になるまでこねたら、みじん切りにした白菜と長ねぎ、さらに**A**を入れてよく混ぜる。

2 餃子の皮に**1**の1/10量を、両端1cmほどを残して横長に置き、棒状に包み込み水を片端につけて留める。具材が両端から出てこないよう注意して。

3 フライパンにごま油を熱し、**2**を2列×5本ずつ並べて強火で2〜3分ほど焼いたら100mLの水（分量外）を加えてふたをし、中弱火にして水分がなくなるまで7分程蒸し焼きに。そのままでも、タレ（P.89参照）をつけていただいても。

汁なしWねぎワンタンの辛味ダレ

台北で食べた具がみっちりの
大きめ汁なしワンタン。
花椒入りのしびれる辛味タレ×
長ねぎ&青ねぎをWで加えた
〝ねぎだく〟の具で自分好みにアレンジ。

[材料] 10個分

ワンタンの皮 … 10枚
豚ひき肉 … 100g

A
- 長ねぎ(みじん切り) … 10cm
- 青ねぎ(小口切り) … 大さじ3
- しょうが(みじん切り) … 1片分
- 酒 … 小さじ1
- しょうゆ … 小さじ1
- 塩 … ひとつまみ

ごま油 … 大さじ2

B
- しょうゆ … 大さじ1
- 黒酢 … 大さじ1
- 花椒粉 … 少々
- 辣油 … 少々

青ねぎ(小口切り) … 適量

[作り方]

1 ボウルに豚ひき肉を入れ、脂と肉部分が混ざり淡いピンク色になるまで手でこねたら、**A**を加えてよく混ぜ合わせる。

2 ワンタンの皮に**1**の1/10の量をのせ、2辺の端に水をつけて三角形に折り、端をしっかり留め、手のひらでギュッと握って、あえてシワを作り歪《いびつ》な形に。

3 鍋にたっぷりのお湯を沸かし、**2**のワンタンを入れて中火で2分ほどゆでる。

4 ざるにあげて水気をきったら、ごま油を熱して火を止めたフライパンに入れ、ワンタンの表面に油をサッと絡ませる。器に盛り、**B**を混ぜたタレをかけ、青ねぎをトッピングしていただく。

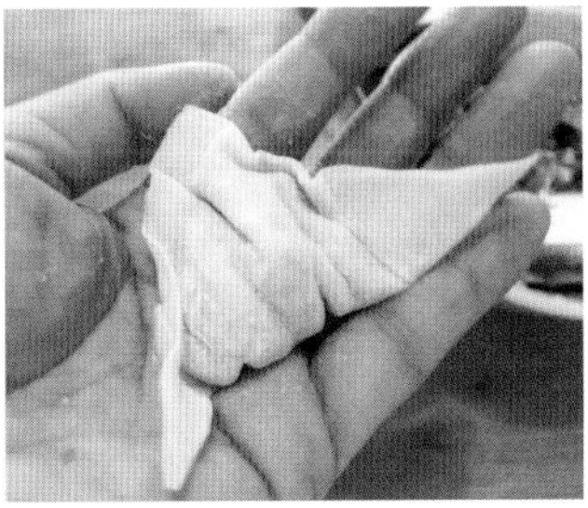

日本の一般的なワンタンよりも、台湾風は具が多め。いつもの感覚より具材を多めに包んで。

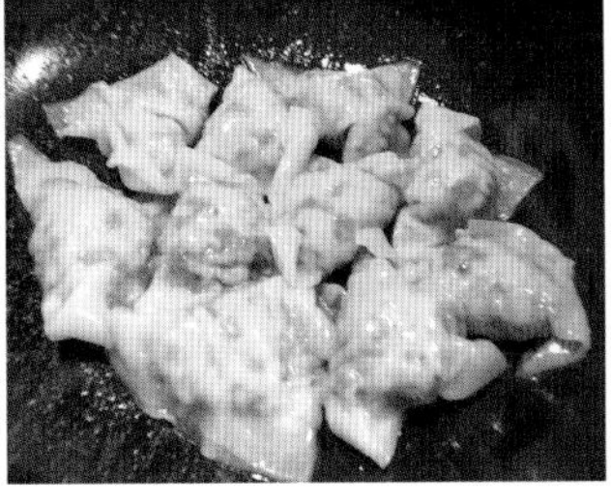

ゆでたワンタンに熱したごま油を絡ませることで、ワンタン同士がくっつきにくくなるうえ、つるっと食感もよくなり旨味もアップする。

豚肉の台湾風角煮

[材料] 作りやすい分量

豚バラブロック … 400g
長ねぎの青い部分 … 1本分

A
- 水 … 200mL
- 酒 … 大さじ3
- しょうゆ … 大さじ3
- きび砂糖 … 大さじ2
- 八角 … 1個
- 五香粉 … 小さじ1

チンゲン菜 … 1束

[作り方]

1 豚バラブロックは4〜5cm幅に切り、ざるにのせて沸騰させたお湯（分量外）を回しかけて油を少し落とす。

2 圧力鍋に**1**の肉と長ねぎの青い部分（肉のくさみ消しのため）、**A**を入れて火にかけ、圧力がかかったら弱火にして20分圧力調理する（鍋で煮る場合は水を500mLくらいにして、1〜1.5時間弱火でコトコト煮る）。

3 鍋から長ねぎの青い部分を取り除き、チンゲン菜を加えて汁をスプーンでかけながら中火で3〜5分煮る。

三杯鶏《サンベイジー》

メジャーな台湾家庭料理のひとつ、
鶏の炒め煮は、
油、酒、しょうゆ、
それぞれを三杯ずつ。
たっぷりのしょうがも
箸休めにぴったり。

[材料] 作りやすい分量

鶏手羽元 … 10本
しょうが（薄切り） … 20枚
ごま油 … 大さじ3
A
- 酒 … 大さじ3
- しょうゆ … 大さじ3
- きび砂糖 … 大さじ1

バジル … 10枚

[作り方]

1 大きめのフライパンまたは鍋にごま油を熱し、中火で鶏手羽元の表面の色が変わるまで焼く。

2 **1**にしょうがと**A**を加え、ふたをして弱火にして、途中で肉をひっくり返しながら内側まで火が通り味が中までしみるよう15分ほど煮る。

3 火を止めてバジルを加える。

大《ダー》鶏《ジー》排《パイ》

台湾夜市の人気メニューを、片栗粉の衣で作りやすくアレンジ！ほの甘スパイシーさは残しつつ、洗練された味わいに。

[材料] 作りやすい分量

鶏むね肉 … 1枚（250g程度）

A
- しょうゆ … 大さじ1強
- 酒 … 大さじ1強
- 五香粉 … 小さじ1
- おろしにんにく … 小さじ1/4
- おろししょうが … 小さじ1/2
- 一味唐辛子 … 適量
- こしょう … 少々

片栗粉 … 大さじ2程度

揚げ油 … 適量

[作り方]

1 鶏むね肉を半分に削ぐように開き、厚み1㎝程度の大きな1枚肉に。味をなじみやすくするため、フォークで肉の裏表をムラなく刺す。

2 ビニール袋（またはジップ付き保存袋）に**1**の肉を入れ、**A**の調味料をすべて入れて軽くもみ込む。空気をなるべく抜くようにして袋の上部を結び、冷蔵庫でひと晩寝かせる。

3 バットなどに片栗粉を広げ、肉の表裏にムラなく片栗粉をまぶす。

4 フライパンに5㎜程度の深さになるように油を注ぎ、温まったら強めの中火にして**3**の肉を投入。適宜裏表をひっくり返しながら、中まで火が通るよう揚げ焼きする。

油の量は、肉が半分くらい浸かる量で。深めのフライパンを使うと揚げやすい。

食べやすさ、シェアしやすさを求めるなら、あらかじめ鶏肉をひと口サイズにカットしてから調味料に漬け込む手も。

台湾で使われているさつまいもの粉「地瓜粉」を衣に使用すると、よりザクザクとした食感が楽しめる。地瓜粉はネット通販などで購入可。

台湾でも箸休めに頼みたくなる青菜の炒め物。定番は空心菜だけれど、手に入りやすい豆苗で。にんにく×鶏がらスープの素が味の決め手！

豆苗炒め

[材料] 作りやすい分量

豆苗（空心菜でも）… 1パック
ごま油 … 大さじ1
にんにく … 1片
酒 … 大さじ1
［鶏がらスープの素 … 小さじ1/2
　お湯 … 大さじ1
塩 … 少々

[作り方]

1 豆苗は根の部分を切り落とし、長さを半分に切る。にんにくはみじん切りに。鶏がらスープの素はお湯で溶いておく。

2 フライパンにごま油を熱し、弱火でにんにくを炒めて香りが立ってきたら豆苗を加えて中火に。

3 全体に油がまわったら、酒、お湯で溶いた鶏がらスープの素、塩を加えてさっと炒め、味を調える。

Point

豆苗は根元近くの脇芽（小さい芽）がある上部でカットして使用。根部分を水に浸しておくと1週間ほどで再収穫可能。豆苗炒めはぜひ最低2度は楽しんで♪

台南名物の
白身魚・虱目魚《サバヒー》を
わさびじょうゆでいただく
食堂のアイディア。
日本でならタラの
切り身であっさりと…。

タラの酒蒸し わさびじょうゆ添え

[材料] 作りやすい分量

タラ … 2切れ
塩 … ひとつまみ
長ねぎ … 10cm
しょうが … 1片
青ねぎ … 適量
酒 … 50mL
水 … 50mL

●タレ

しょうゆ … 大さじ1
きび砂糖 … 小さじ1/4

わさび … 適量

[作り方]

1 タラは塩ひとつまみをふり、10分ほどおき、出てきた水分を拭き取る。長ねぎは斜め切りに、しょうがは千切りに。

2 鍋に酒と水、しょうが、長ねぎを入れて火にかけ、沸いてきたらタラを加え、中火で表裏2分くらいずつ煮て火を通す。

3 **2**を皿に盛る。しょうゆときび砂糖を混ぜたタレとわさびをつけながらいただく。

半熟仕上げ茶葉蛋《チャーイエダン》

台湾のコンビニにも置いてある本場モノはヒビを入れ、殻ごと煮て完熟なのがお約束。でも、ひと口頬張ってテンション上がるのはやっぱり半熟味玉仕上げ！

[材料] 作りやすい分量

卵 … 8個

A
- 水 … 1カップ
- 酒 … 50mL
- しょうゆ … 50mL
- きび砂糖 … 1/3カップ（40〜45g）
- 八角 … 2個
- シナモンスティック … 1本
- ウーロン茶葉 … 大さじ1

[作り方]

1 鍋に**A**をすべて入れて火にかけ、沸騰したら弱火にして、茶葉が開ききるまで10〜15分ほど煮る。そのまま火からおろし、常温になるまで冷ます。

2 別の鍋に卵を入れ、ひたひたになるように水（分量外）をはり、半熟になるようにゆでる（コンロの火加減によって異なるが、沸騰してから火を少し弱め5分半〜6分くらいコトコトゆでるのが目安）。ゆで終えたら水に浸して冷まし、粗熱がとれたら殻をむく。

3 ジップ付き保存袋に**1**と**2**を入れ、冷蔵庫でひと晩寝かせる。器に茶葉とともに盛る。味がついた茶葉もおいしくいただけ、ちょっとしたつまみにもなる。

茶葉のタレが温かいまま卵を漬けると、卵の黄身が固まってしまうので、タレは冷めてから入れること。すべて漬かりきらない場合は、数時間ごとに卵を動かしてムラなく味がしみるよう調整して。

Point

より手軽に作りたい場合は、茶葉は使わずペットボトルの「サントリー 黒烏龍茶」を活用する手も。1カップの水を黒烏龍茶に置き替えて作ってみて。

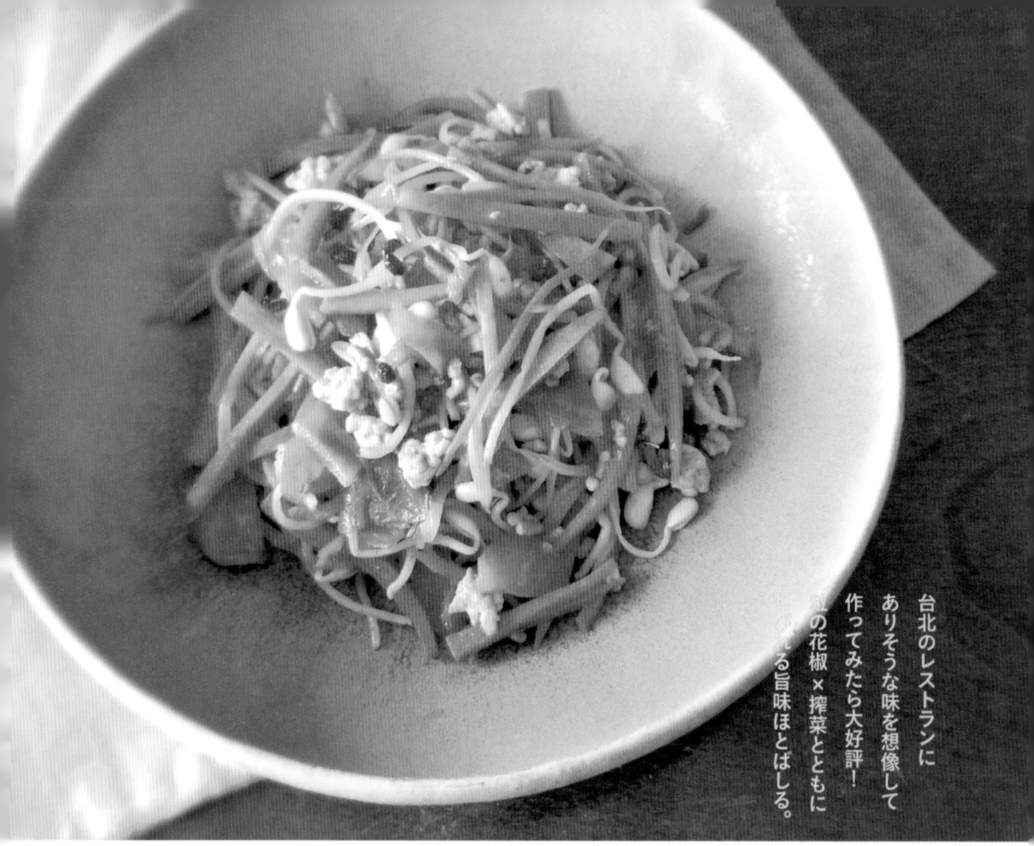

台北のレストランに
ありそうな味を想像して
作ってみたら大好評！
豆の花椒×搾菜とともに
れる旨味ほとばしる。

豆もやしとにんじんの花椒《ホアジャオ》搾菜《ザーサイ》炒め

[材料] 作りやすい分量

豆もやし … 1/2袋
にんじん … 1/2本
豚ひき肉 … 50g
搾菜 … 20g
花椒（ホール）
　… 小さじ1程度
ごま油 … 大さじ1
酒 … 大さじ1
塩 … 少々

[作り方]

1 豆もやしはヒゲを取り除く（ヒゲが気にならない場合はそのままでも）。にんじんは皮をむき細切りに。搾菜はザク切りに。

2 フライパンにごま油を熱し、弱火で花椒を炒める。香りが立ってきたら豚ひき肉を加えて中火にし、箸でほぐしながらそぼろ状に。

3 さらに豆もやしとにんじん、搾菜を加え、酒をふり、強火でサッと炒める。しんなりする直前で火からおろし、塩をふって味を調えて。

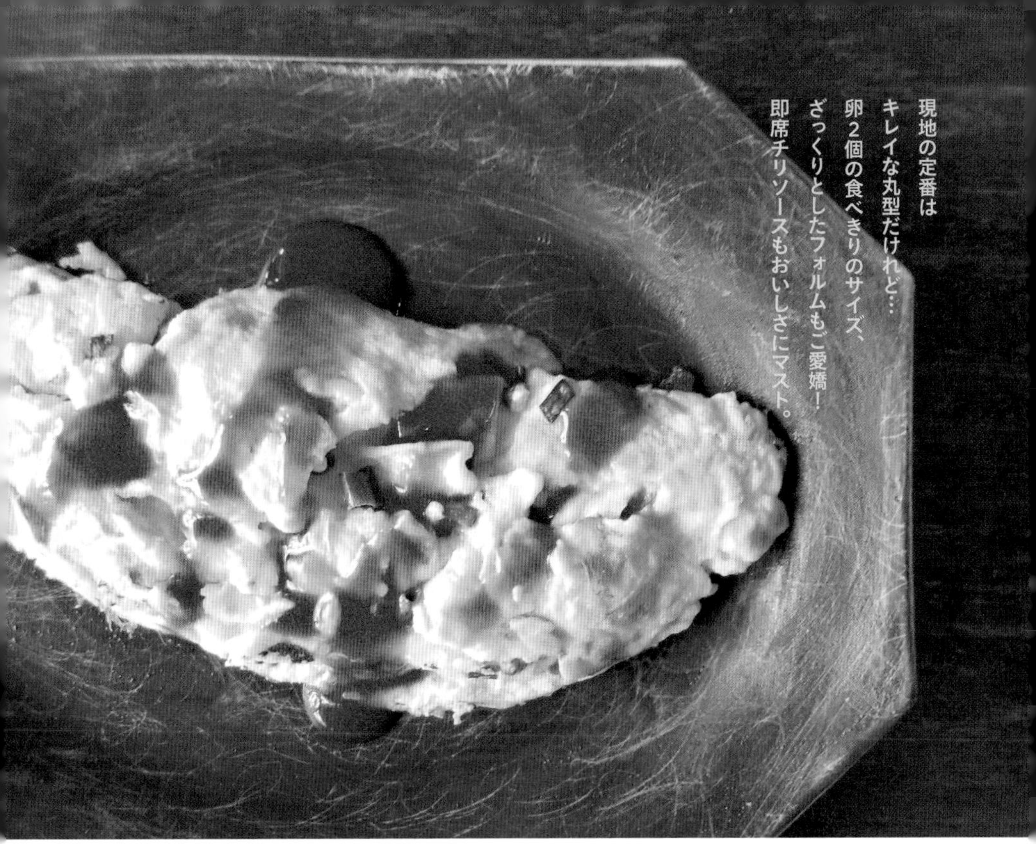
現地の定番は
キレイな丸型だけれど…
卵2個の食べきりのサイズ、
ざっくりとしたフォルムもご愛嬌！
即席チリソースもおいしさにマスト。

切り干し大根入りオムレツ

[材料] 作りやすい分量

卵 … 2個
切り干し大根 … 10g
［酢 … 大さじ2
　きび砂糖 … 小さじ1
青ねぎ（小口切り）
　… 大さじ1強
塩 … ひとつまみ
油 … 大さじ1

●ソース

［ケチャップ … 大さじ1
　酢 … 小さじ1/2
　きび砂糖 … 小さじ1/4
　唐辛子（パウダー） … 少々

[作り方]

1 切り干し大根をぬるま湯（分量外）でもどしてから、酢＋きび砂糖を混ぜた甘酢に1時間ほどつけておく。ボウルに卵を溶き、青ねぎと塩を加える。

2 フライパンで油を熱し、中火の状態で溶き卵を流し入れ、切り干し大根も加える。卵を片側に寄せるようにしてオムレツを作る。

3 ソースを作り、皿に盛ったオムレツにかけていただく。

インゲンと豚ひき肉、ピータンのピリ辛炒め

台北のレストランでいただいた
花ニラと豚肉のピリ辛メニューをオマージュ。
豆板醤×花椒《ホアジャオ》×鷹の爪の辛味3重奏。
ごはんが進みすぎてヤバイ！

[材料] 作りやすい分量

インゲン … 150g
豚ひき肉 … 100g
ピータン … 1個
ごま油 … 大さじ1
にんにく … 1片
鷹の爪（輪切り）… 2本
花椒 … 大さじ1程度
A
- 酒 … 大さじ1
- しょうゆ … 大さじ1
- 豆板醤 … 小さじ1/2
- きび砂糖 … ひとつまみ

[作り方]

1. インゲンは約5mm幅に切る。ピータンは約1cm角にざっくり切っておく。
2. フライパンにごま油を熱し、みじん切りにしたにんにくと鷹の爪、花椒を弱火で炒めて香りが立ってきたら中火にし、豚ひき肉を加え、そぼろ状になるように箸でほぐしながら炒めていく。
3. 肉に火が通ったらインゲンとピータンを加え、全体が混ざったら**A**を加え手早く混ぜ、味を調える。

ほどよい食感を残したいので、インゲンを加えたら強火でさっと炒めるのがおいしく仕上げるポイント！

Point

台湾では「蒼蠅頭《ツァンイントウ》」という花ニラの茎を使うことが多いのですが、日本では手に入りにくいのでインゲンで手軽にアレンジ。にんにくの芽を使っても。

台湾の居酒屋「熱炒《ラーチャオ》」でいただいたお酒も進む一品。カシューナッツではなくピーナッツとともに炒めるのがお約束！

鶏肉と彩り野菜の花生《ホアシャン》炒め

[材料] 作りやすい分量

鶏むね肉 … 100g
ししとう … 10本
パプリカ … 1/2個
おろししょうが … 小さじ1/2
鷹の爪 … 5本
ピーナッツ … 40g（約40個）
ごま油 … 大さじ1

A
- 酒 … 大さじ1
- しょうゆ … 大さじ1
- きび砂糖 … 小さじ1
- 黒酢 … 大さじ1

- 片栗粉 … 小さじ1
- 水 … 大さじ1

[作り方]

1 鶏むね肉、パプリカはひと口大に切る。ししとうは炒めるときに弾けないよう、包丁で刺して穴をあけておく。

2 フライパンにごま油を熱し、鷹の爪とおろししょうがを弱火で炒めて香りが立ってきたら、鶏むね肉を加えて中火に。肉の色が変わったら、ししとう、パプリカ、ピーナッツを加えてさっと炒める。

3 全体に油が回ったらAを加えて炒め、さらに水で溶いた片栗粉を加え、とろみをつける。

台湾名物珍味を贅沢に使用。
やさしい味で炊いたれんこんの
ほっこり和風アレンジ。

れんこんのからすみがけ

[材料] 作りやすい分量

れんこん … 150g
酒 … 大さじ1
液体白だし … 大さじ1
しょうゆ … 小さじ1/2
からすみ … 適量

[作り方]

1 れんこんは皮をむき、約5㎜幅にカット。水に10分ほどさらしてから、ざるにあげて水気をきる。

2 鍋に**1**を入れ、酒、液体白だし、しょうゆを加えて水分がなくなるまで炒め煮に。

3 皿に**2**を盛り、おろしたからすみを好きなだけかける。

Point

からすみをおろす際には、チーズクレーター（チーズおろし器）を活用するのがおすすめ。冷凍保存しておいたからすみを、解凍せずにそのまま使うとおろしやすい。

トマトときゅうりのうまうま卵炒め

熱が加わることでこんなにもトマトときゅうりがおいしくなるなんて！
台湾の食堂でも供される
何度も作りたくなる家庭の味。

[材料] 作りやすい分量

トマト … 1個
きゅうり … 1本
卵（溶いておく）… 2個
ごま油 … 大さじ1
しょうが … 1片
にんにく … 1片
しょうゆ … 小さじ1
［鶏がらスープの素 … 小さじ1/4
　お湯 … 小さじ1
塩・こしょう … 少々

[作り方]

1 トマト、きゅうりは大きめの乱切りに。しょうがとにんにくはみじん切りに。

2 フライパンにごま油を中火で熱し、しょうがとにんにくを炒めて香りが立ってきたら、トマトときゅうりを加えて強火にしてさっと手早く炒める。

3 全体に油が回ったら、お湯で溶いた鶏がらスープの素と溶き卵を加え中火にし、全体を大きく1回混ぜる。卵が7割くらい固まったら火を止め、塩・こしょうをふり、味を調える。

卵を加えたら必要以上に動かさないのがポイント。卵がポロポロになりすぎず、ふわっとした仕上がりに。

Point

トマトときゅうりの火の通り具合は、何回か作ってみて好みで調整してみて。私は皮がベロベロ、果肉がべちゃべちゃになりすぎない、火が通りすぎていないほうが好みなので、中火～強火でササッと仕上げています。

台湾で食べたことはない。
けれど、台湾風の食卓にマッチ。
梅干しの風味でさっぱり、
消化も助けるヘルシーなひと皿。

大根のとろとろ梅煮

[材料] 作りやすい分量

大根 … 1/4本
水 … 500mL
顆粒こんぶだし … 5g
梅干し … 3個
酒 … 大さじ2
［片栗粉 … 小さじ1
　水 … 大さじ1

[作り方]

1 大根は皮をむき、食べやすい大きさに切る。

2 鍋に水と大根、顆粒こんぶだし(乾燥昆布でとっただしを使用してももちろんOK)、身を粗くほぐした梅干し(種もいい味が出るので入れる)を入れ強火で火にかける。沸いてきたら弱火にし、水分が減ってきたら酒を加えて大根がとろとろやわらかくなるまで20分ほど煮る。

3 水溶き片栗粉を少しずつ加え、とろみをつける。

第6章

甜
〜デザート

Dessert

甜編
台湾旅で出合った、忘れられない味

01 軽やかで甘さ控えめ。格が違う台湾の豆花《ドウホア》

豆花ってもっさりして喉ごしが苦手…でも台湾で口にしてからは、そのイメージが見事に払拭されました。日本の豆花の妙にプルンとしすぎた食感のせいなのか、甘いソースのせいなのか…。台湾でいただく豆花はなめらかつるん。スープもトッピングも甘さ控えめで、品よく素朴にまとまって喉ごし軽やか、罪悪感なく一気に完食。こだわりの専門店でいただくのがおすすめですが、豆花の食感も、スープの風味も、アレンジの仕方も十人十色。トッピングはピーナッツだけと潔い「江記東門豆花《ジャンジードンメンドウホア》」の「温豆花・しょうが入り」が今のところMyベスト。

「騷豆花《サオドウホア》」（上）のものはフルーツたっぷりの爽やか系。「庄頭豆花担《ジュアントウドウホアタン》」（下）はベーシックなもののほか、黒豆豆花も人気。

02 ふるふわ新食感の台湾カステラ

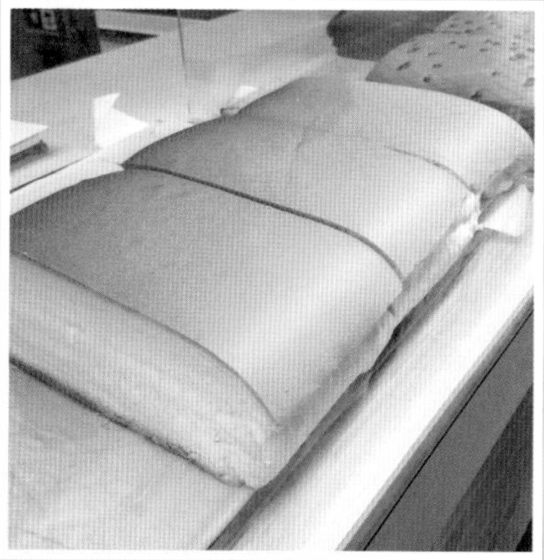

日本にも専門店が続々とオープンし大ブームを巻き起こしている台湾カステラは、ふるふるふわふわの食感が話題。1カットが1辺30㎝ほどのビッグサイズなのにとにかく軽く、気づいたらひとりで完食してしまうかも⁉と思ってしまうほどの危険すぎるおいしさ。現地でもぜひトライを！

03 熱々のお餅が決め手！ピーナッツごま餅

「燒麻糬《シャオマーシュ》」はカロリーが気になりながらも、食べるのを我慢できないヤミツキ甘味。油で煮るように揚げたやわらかくモチモチのお餅に、香ばしいピーナッツの粉と砂糖、黒ごまの風味が重なり合って…幸せとしか言いようがない！　熱々のままいただきたいから、ぜひ甘味専門店「雙連圓仔湯《シュアンリエンユアンズータン》」で。

04 斬新にアレンジして食す生の果物

市場で旬果を買い、道中でそのまま食すのも旅の醍醐味ですが…台湾ならではのユニークな果物アレンジも見逃せません。「華西街珍果《ホワシージエジェングォ》」では、しょうゆとしょうが、砂糖などを混ぜた甘じょっぱソースにトマトを絡めていただくひと皿に興奮。ドリンクスタンドでは台湾茶に新鮮な果物を加えた「水果茶《シュイグオチャー》」を。

※このページには、著者がお気に入りの台湾・台北にあるお店の名前のみ記載しております。
現地のお店に行かれる場合は、営業時間や定休日などの最新情報をご確認ください。

台湾カステラ

ふわっふわモフモフの幸せ♡
食べ過ぎ防止＋作りやすさも考慮した、卵２個のコンパクトレシピ。

[材料]パウンド型（約18×8×高さ6.5㎝）1本分

太白ごま油（米油でも）… 25g
牛乳 … 25g
卵 … 2個
きび砂糖 … 25g
薄力粉 … 30g
ベーキングパウダー … 小さじ1/2

[作り方]

1 型に合わせてオーブンシートを適宜カットし、敷いておく。すべての材料を計って用意。さらにお湯（分量外）を多めに沸かしておく。オーブンは170℃に予熱を。

2 太白ごま油をボウルに入れ、軽く電子レンジで温めた牛乳を投入して手早く混ぜる。

3 卵を割り、黄身は**2**のボウルに投入し均一に混ぜる。卵白は別のボウルに入れ、何も入れずにざっと泡立てたら、途中できび砂糖を2回に分けて加えながら、しっかりとしたメレンゲ状になるように泡立てて。

4 黄身を入れた方のボウルに**3**のメレンゲの1/3量を入れて泡立て器で混ぜ、薄力粉とベーキングパウダーを合わせた粉の半量をふるいながら投入。ヘラですくうようにして混ぜたら、メレンゲの1/3量を、さらに粉の残りを、最後にメレンゲの残りを混ぜ込みながら、その都度さっくり混ぜていく。

5 型に**4**を流し入れ、表面をならしたら天板にのせ、**1**で沸かしておいたお湯を天板の深さの半分くらいまで注ぎ、170℃で40分湯せん焼きを。40分たったら竹串か楊枝を刺して抜き、生地がついてこなかったら焼き上がり。

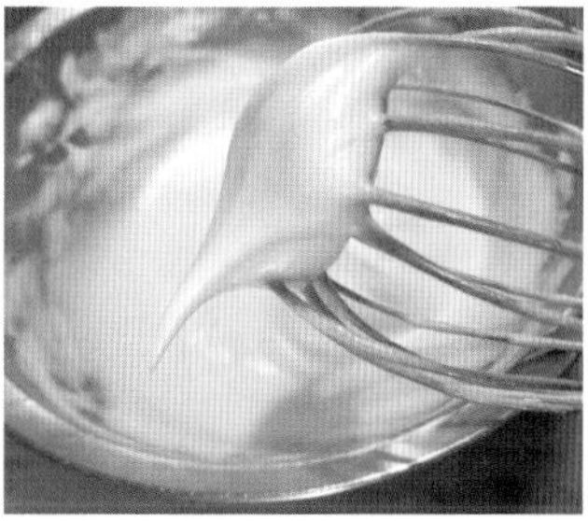

メレンゲはツノがしっかり立つくらいまで。卵2個分なら、電動ミキサーがなくても手でもどうにか頑張れるはず！

型より膨らんで高さが出てしまうことも想定し、厚紙にアルミホイルを巻いた「堤防」も、あらかじめ型とシートの間に仕込んでおく。湯せんしながら蒸し焼きすることで、しっとりふるふるの仕上がりに。

Point

表面がヒビ割れしないよう、20分くらいたったら一度オーブンを10秒ほど開けて庫内の温度を下げて。途中で天板のお湯が減っていたら、適宜足すことも忘れずに。

水《シュイ》果《グオ》茶《チャー》

タピオカドリンクよりもヘルシーで愛すべき存在！フルーツ天国・台湾ならではのアレンジティー。

[材料] 1杯分

烏龍茶（ジャスミン茶でも）
… 200mL

きび砂糖 … 大さじ1/2

好きな果物（パイナップル、りんご、パッションフルーツなど）
… 適量

Point

お茶はペットボトルのお茶でも可。フルーツはほかに、オレンジ、キウイ、バナナ、マンゴーなどを使っても。

[作り方]

1 茶葉に熱湯を注ぎ、烏龍茶を淹れる。温かいうちにきび砂糖で甘みをつけておく（ペットボトルのお茶を使用しても。一度温めて砂糖を溶かしておく）。ベースのお茶にほのかな甘みがあるほうが、フルーツのおいしさが引き立つ仕上がりに。砂糖の量は好みで調整を。

2 果物は食べやすい大きさに切っておく。量はお好きなだけ。

3 お茶の粗熱がとれたら、氷とフルーツとともにグラスに注ぐ。果物エキスがにじみ出たお茶を飲みながら、フルーツもいただくのが台湾流。

棗《なつめ》椰《や》子《し》胡桃バター

棗椰子×胡桃だけでも十分においしいけれど…
バターが加わったら禁断の甘味に！

［材料］6個分

棗椰子（ドライデーツ）… 6個
バター（好みで、無塩でも有塩でも）
… 約30g
くるみ … 約15g

［作り方］

1 バターを常温に戻し、クリーム状に練る。

2 棗椰子の切り口にバターとくるみをサンド（種ありの棗椰子を使った場合は、横に切り込みを入れて種を取り除いてから）。

3 冷蔵庫で15分ほど冷やし、バターが固まったらできあがり。保存する場合は冷蔵庫で。

とろとろ豆花《ドゥホァ》

あえて少なめのゼラチンで
とろとろ食感仕上げに。
彩り豊かなトッピングを
自由自在に楽しんで……。

[材料] 作りやすい分量

無調整豆乳 … 400mL
きび砂糖 … 大さじ1
粉ゼラチン … 5g
水 … 大さじ2

●トッピング

パイナップル（缶詰やカットパインでも）… 50g
きび砂糖 … 大さじ1
粒あん（缶詰やパックのものでOK）… 適量
落花生（生、乾燥の殻付き、素焼きなど）… 適量
乾燥白きくらげ … 適量
クコの実 … 適量
いちご … 適量

●シロップ

水 … 50g
きび砂糖 … 大さじ1程度

[作り方]

1 粉ゼラチンは水を加えてふやかしておく。鍋に豆乳ときび砂糖を入れ火にかけて、沸騰する直前で火を止める。ふやかしておいたゼラチンを湯せんで溶かして鍋に加え、ダマにならないようによく混ぜて溶かす。

2 1をボウルまたはバットなどに移し、粗熱をとり、冷蔵庫で3時間以上冷やし固める。

3 シロップを作る。鍋に水を沸騰させ、きび砂糖を溶かしてから火を止め、常温に冷ます。

4 トッピングのパイナップルはきび砂糖を加え、鍋で煮てやわらかくする（P.125参照）。落花生は水（分量外）とともに鍋に入れ、やわらかくなるまで30分以上ゆでて水をきる。乾燥白きくらげ、クコの実は水に浸しもどしておく。

5 豆花が冷やし固まったら、大きめのスプーンを使って器に盛り、好みのトッピングをのせ、シロップをかけていただく。

ゆでピーナッツは必須！　好みのやわらかさになるまでじっくりと根気よくゆでて。個人的には現地より硬め、芯は残るくらいサクサクしているのが好み。

パイナップルはそのままではなく、きび砂糖をまぶし、熱を加えてとろっとさせると、豆花の食感とのバランスも抜群に。

Point

本場の豆花は硫酸カルシウムを使用しますが、手軽に作りたいのでゼラチンで代用。ゼラチンは使用量の目安（水分との割合）よりかなり少なめですが、あえてギリギリ固まるくらいの少ない分量にしてとろとろ感を楽しみます。

甘辛しょうがダレ冷やしトマト

台北の果物店での驚きの味を、砂糖控えめに再現。甘じょっぱタレでいただく屋台味あふれる変わり種。

[材料] 作りやすい分量

トマト … 1個
しょうゆ … 大さじ1
おろししょうが … 小さじ1程度
きび砂糖 … 小さじ1

[作り方]

1 トマトを食べやすい大きさにカット。

2 小皿にしょうゆ、おろししょうが、きび砂糖を盛り、トマトをつけて混ぜながらいただく。

台湾風ピーナッツ餅

[材料] 5〜6個分

白玉粉 … 40g
水 … 35mL
ピーナッツ粉（ピーナッツを保存袋に入れ、麺棒などで叩いて砕いても）… 大さじ1
きび砂糖 … 小さじ1/2
太白ごま油（米油でも）… 適量

[作り方]

1 ピーナッツ粉ときび砂糖を混ぜておく（砂糖の量は好みで調整を）。

2 ボウルに白玉粉と水を入れて耳たぶくらいの硬さで均一になるようにこねたら、生地を5〜6等分に分け、丸めてから中央をつぶし、中央部分にも火が通りやすいようにしておく。鍋にお湯（分量外）を沸かし、丸めた生地を入れて浮いてくるまで3〜4分ゆで、ざるにあげて水気をきる。

3 小鍋に深さ3㎜くらいになるよう太白ごま油を熱し、**2**のゆでた白玉を入れて1分ほど加熱し、やわらかい食感に。皿に盛り、**1**をかけていただく。

もどし芒果《マンゴー》のクラフティ

もどしたドライマンゴーを
豆乳卵液と焼いてみた、
マンゴーを楽しむ
新しいアイディア！

[材料] 20×15㎝くらいの耐熱皿1台分

ドライマンゴー … 50g
無調整豆乳 … 250mL
卵 … 2個
薄力粉 … 大さじ2
きび砂糖 … 10g
バター … 10g
粉糖 … 適宜

[作り方]

1 豆乳をバットや深さのある器に入れ、ドライマンゴーを浸して冷蔵庫でひと晩もどしておく。

2 **1**からマンゴーをいったん引き上げる。オーブンは170℃に予熱を。ボウルに卵2個を割り入れ、きび砂糖を加えてよく混ぜ合わせたら、薄力粉をふるいながら加え、ダマにならないように混ぜる。さらに溶かしバターと**1**で使用した豆乳を均一になるよう混ぜる。

3 オーブンシートを敷いた耐熱皿にざるなどで濾《こ》しながら**2**を入れ、マンゴーも並べる。オーブンで30〜35分焼く。焼き上がりの温かいままでも、粗熱をとって冷蔵庫で冷やしてからいただいても。好みで粉糖をトッピングして。

五香粉《ウーシャンフェン》香るバナナブレッド

台湾にはないかも!?な
完全妄想のオリジナル。
人気のバナナブレッドに
五香粉の甘くスパイシーな
香りを添えて…。

[材料] パウンド型（約18×8×高さ6.5cm）1本分

バナナ … 2本
卵 … 1個
きび砂糖 … 50g
太白ごま油 … 40g
無塩バター … 10g
五香粉 … 大さじ2
薄力粉 … 140g
ベーキングパウダー … 小さじ1
松の実 … 大さじ1程度

[作り方]

1 1.5本分のバナナ（1本は縦1/2にカット）をボウルに入れフォークで粗くつぶした後、卵を割り入れ、きび砂糖、太白ごま油、溶かしバター、五香粉も加えて泡立て器で混ぜる。

2 薄力粉とベーキングパウダーをふるいながら**1**のボウルに加え、へらでざっくり混ぜていく。ムラにならないよう、粉は2回にわけて加えて。

3 オーブンシートを敷いたパウンド型に**2**の生地を流し入れ、残しておいたバナナ縦1/2本分を上に乗せ、隙間に松の実をトッピング。180℃に予熱しておいたオーブンで約40分焼く。竹串を刺して生地がくっついてこなかったら焼き上がり。

さっぱりあっさり
胃腸を癒す食後のゼリーを、
「黒烏龍茶」の
ペットボトル1本で
簡単アレンジ。

烏龍茶ゼリー

[材料] 作りやすい分量

黒烏龍茶 … 350mL
きび砂糖 … 大さじ1
［ 粉ゼラチン … 5g
　 水 … 大さじ2

●シロップ

［ 無調整豆乳 … 150mL
　 きび砂糖 … 小さじ2

[作り方]

1 粉ゼラチンを水でふやかしておく。

2 烏龍茶を鍋で温め、沸騰したらきび砂糖を溶かし火からおろす。さらに**1**を湯せんで溶かしてから鍋に加えてしっかりと溶かす。バットやボウルに移し、粗熱がとれたら冷蔵庫で3時間以上冷やす。

3 鍋で豆乳を温め、きび砂糖を加えて溶かしシロップを作り常温に冷ましておく。**2**を皿に盛り、シロップをかけていただく。

Point

サントリーの「黒烏龍茶」350mLペットボトルを使うと手軽。もちろん茶葉から煮出したお茶を使っても。

少し火を加え、
とろっとやわらかくした
新食感パイナップルで。
おつまみにもなる
フィンガースイーツ。

鳳梨《パイナップル》のクリームチーズカナッペ

[材料] 作りやすい分量

パイナップル（缶詰やカットパインでもOK）…1/4個（100g）
きび砂糖 … 大さじ山盛り1
クリームチーズ … 10g
お好みのクラッカー … 適量
馬告（または黒胡椒）… 少々

[作り方]

1 パイナップルは繊維に沿って小さめに刻み鍋に入れ、きび砂糖をまぶして20分ほど置く。

2 少し水分が出てきたら**1**を弱火にかけ、表面がとろっとやわらかくなるまで煮る。

3 クラッカーにクリームチーズを塗り、**2**と包丁で砕いた馬告をトッピング。クラッカー以外にも、豆花の具として活用したり、ヨーグルトと一緒にいただいても。

Point

クラッカーは、台湾のねぎクラッカーを使うのがおすすめ。このページの写真でも使った「台湾喜年来 香葱薄餅」が今のところMyベスト！

その味わいを自分で再現するのは難しいから…

やっぱり、早く台湾に行って どうしてもコレが食べたい！

5月～10月の
大本命「冰讚《ビンザン》」の
生マンゴーかき氷

言わずと知れた超有名店ですが…完熟マンゴーの濃厚さもミルク氷のふわとろ感も、台北ではNo.1の実力派。生マンゴーが出回る時期にしか営業しないお店だから、5～10月に訪台したら必ず、行列に並ぶ覚悟満々で寄っています♡

隠れ名店
「明月湯包《ミンユエタンバオ》」の
絶品小籠包

「鼎泰豐」も王道のおいしさですが、じゅわっとあふれ出る肉汁感が半端ないのがこちらの小籠包。こだわりの黒豚を使い、軽やかなのに旨味がギュッ！　ローカルの人たちや台湾通が贔屓《ひいき》にするのも納得です。

ジューシーで
旨味たっぷり「阿城鵝肉《アーチェンアーロウ》」の
ガチョウ肉の燻製

恐る恐る口に運んでみたら…旨味が詰まりすぎ！　鶏肉よりしっとりジューシーで脂がのっていて、味は鴨ほど濃厚ではなくちょうどいい。ガチョウ肉の燻製は、お酒好きなら確実にハマる台湾ならではの珍味！

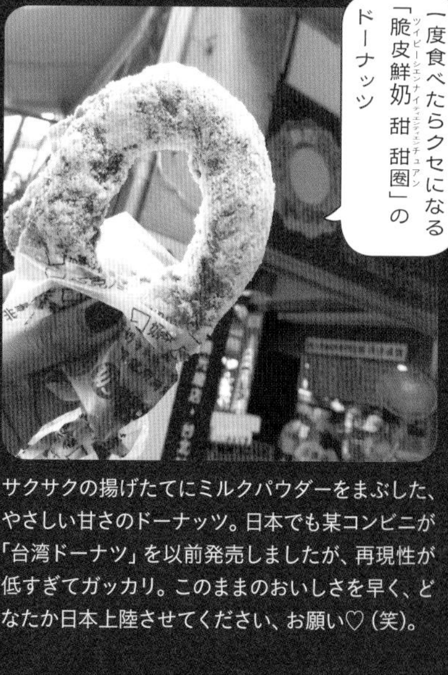
一度食べたらクセになる
「脆皮鮮奶《ツイビーシエンナイ》 甜《ティエン》 甜圏《ティエンチュアン》」の
ドーナッツ

サクサクの揚げたてにミルクパウダーをまぶした、やさしい甘さのドーナッツ。日本でも某コンビニが「台湾ドーナツ」を以前発売しましたが、再現性が低すぎてガッカリ。このままのおいしさを早く、どなたか日本上陸させてください、お願い♡（笑）。

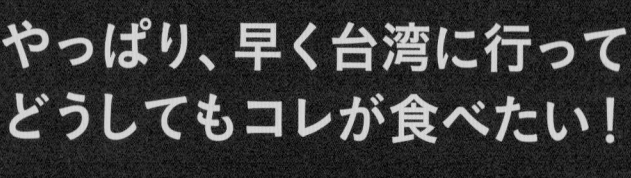

好吃

元気とキレイを
がっつりチャージする
「驥園川菜餐廳《ジーユアンチュアンツァイツァンティン》」の鶏鍋

コラーゲンの膜がすぐに張ってしまうトロトロ濃厚鶏スープは、ひと口いただくごとに寿命が1歳ずつ延びてしまうのではないかと思うくらいの“食べる点滴”的パワーが！　台湾でしか出合えない極み鍋。

「手天品社區食坊《ショウティエンピンショーチューシーファン》」の
ほっこり系焼き菓子
鳳梨酥
くるみ入り
(核桃)

パイナップルケーキ、Myベストはこちらのお店のくるみ入りのもの♡素材にこだわる手作りお菓子の数々はどれも癒し系のおいしさ。ここ1年は通販で手にしていますが…やっぱりお店で買いたい！

「雙連朝市《シュアンリェンチャオシー》」で
買える季節限定の
生ライチ
130

天候に左右されやすく、生ライチが市場に並ぶのは6〜7月の短期間でレア。朝市で見つけて即買いし、コンビニで買った氷で冷やして食したら…みずみずしくすっきりとした甘さに声が出るほど感動しました！

「御品元冰火湯圓《ユーピンユァンピンフォタンユァン》」の
熱々の団子×かき氷の
欲張り甘味

かき氷の上に熱々の湯圓（白玉のような団子）、画力も抜群の“熱冷”欲張り甘味。ピーナッツ＆ごまあんが入った湯圓と、金木犀《きんもくせい》のシロップをかけながらかき氷を交互に…。思い出していたら、食べた過ぎて目頭が熱くなっちゃいました（笑）。

※このページには、著者がお気に入りの台湾・台北にあるお店の名前のみ記載しております。
現地のお店に行かれる場合は、営業時間や定休日などの最新情報をご確認ください。

Profile

門司紀子（もんじのりこ）

フリーランス エディター＆ライター。大学在学中に女性ファッション誌の編集アシスタントを経て独立。『Oggi』や『美的』などで企画・撮影ディレクション・執筆までを担当。担当する記事はビューティ関連をメインに、食、料理、旅、ファッション、ゴルフまで多岐にわたる。美的.comで毎週末発信中のキレイを引き上げるサラダレシピ連載「美容エディター・門司紀子のToday's SALAD」は4年に及び、オリジナルレシピ数は160点を超える。強靭な胃腸をもつ食いしん坊がゆえ、趣味は弾丸食い倒れ旅＆自作料理を友人たちに振る舞うホームパーティ。著書に『台北日帰り弾丸旅 食べまくり！ 1年12回』（小学館）。

Instagramアカウント　@norikomonji

簡単手軽でおいしい！

身近な食材で驚きの80レシピを開拓！

弾丸トラベライターの

台湾妄想旅ごはん

2021年6月20日　初版第1刷発行

著　者　門司紀子

発行者　小澤洋美

発行所　株式会社　小学館

〒101-8001　東京都千代田区一ツ橋2-3-1

電話（編集）03-3230-5125

（販売）03-5281-3555

印刷所　共同印刷株式会社

製本所　株式会社若林製本工場

ISBN978-4-09-310684-9

デザイン／菅谷真理子・髙橋朱里（マルサンカク）

構成・スタイリング・撮影／門司紀子

校正／玄冬書林

制作／浦城朋子・斉藤陽子

販売／椎名靖子

宣伝／野中千織

編集／戸沼侚子